100 % OFFICIEL
JUSTIN BIEBER
Mon histoire
De mon premier pas vers l'éternité

Michel LAFON

Première publication par HarperCollins Publishers 2010
Sous le titre *First Step 2 Forever, My Story*

© Éditions Michel Lafon, 2010 pour la traduction française
7-13, boulevard Paul-Émile-Victor – Île de la Jatte
92521 Neuilly-sur-Seine Cedex
www.michel-lafon.com
LAF 1415

Texte © Bieber Time Touring LLC, 2010
Photographies © Robert Caplin, 2010
Design de Lucinda Lowe et Nikki Dupin
www.bieberfever.com
L'auteur certifie son droit moral en tant qu'auteur de cette œuvre.

Imprimé et relié en Grande-Bretagne par Butler Tanner & Dennis Ltd, Frome, Somerset.

Tous droits réservés. Aucune partie de ce livre ne peut être reproduite ou utilisée sous aucune forme ou par quelque procédé que ce soit, électronique ou mécanique, y compris des photocopies et des rapports ou par aucun moyen de mise en mémoire d'information et de système de récupération sans la permission écrite de l'éditeur. Pour toute information : HarperCollins Publishers, 77-85 Fulham Palace Road, Hammersmith, London W6 8JB
www.harpercollins.co.uk.

Down To Earth (W. Nugent, K. Risto, M. Levy, C. Battey, S. Battey, J. Bieber). Waynne Writers (ASCAP)/Sony ATV/Break North Music (SOCAN)/Sony ATV/Mason Levy Publishing (ASCAP)/Carlos Battey (ASCAP)/Steven Battey (ASCAP)

One Less Lonely Girl (E. Lewis, B. Muhammad, S. Hamilton, H. Shin). Ezekiel Lewis Music/Universal (BMI)/Jahque Joints/Universal Music (SESAC)/ADRAWN Publishing/LA Reid Publishing /EMI

Love Me (J. Franks, P. Lawrence, B. Mars). Written by Philip Lawrence and Bruno Mars for The Smeezingtons. J. Franks Publishing (ASCAP)/EMI April Music, Inc. o/b/o Roc Cor Publishing and Music Famamanem LP (ASCAP)/Mars Force Music/Northside Independent Music Publishing and Bug Music|Music of Windswept (ASCAP) all rights administered by Bug Music|Music of Windswept

Common Denominator (L. Carr): G2G Publishing/Script Squad Music Publishing/Bug Music Publishing (ASCAP)/Justin Bieber Publishing Designee

U Smile (J. Duplessis, A. Altino, D. Rigo, J. Bieber) © 2010 Te-Bass Music Inc. administered by EMI Blackwood Music (BMI) and Big R Publishing o/b/o itself (ASCAP)/Alpine Music Publishing/Sony/ATV Tunes LLC/ Bieber Time Publishing/Universal Music Publishing (ASCAP)

Up (D. Rigo, N. Atweh, A. Messinger, J. Bieber) © 2010 Alpine Music Publishing/Sony/ATV Tunes LLC/Sony ATV Songs (BMI)/Tre Ball Music (BMI)/Messy Music (SOCAN)/Bieber Time Publishing/ Universal Music Publishing (ASCAP)

Never Say Never (Adam Messinger, Nasri Atweh, Justin Bieber, Thaddis Harrell, Jaden Smith, Omarr Rambert). Messy Music (SOCAN)/Sony/ATV Songs (BMI)/Tre Ball Music (BMI)/Bieber Time Publishing/Universal MusicPublishing/Sony/ATV Tunes LLC (ASCAP) o/b/o Sony/ATV Publishing UK Limited (PRS)/Copyright Control/Warner-Barham Music LLC (BMI)

Mixed Sources
Product group from well-managed forests and other controlled sources
www.fsc.org Cert no. SW-COC-001806
© 1996 Forest Stewardship Council

FSC is a non-profit international organisation established to promote the responsible management of the world's forests. Products carrying the FSC label are independently certified to assure consumers that they come from forests that are managed to meet the social, economic and ecological needs of present and future generations.

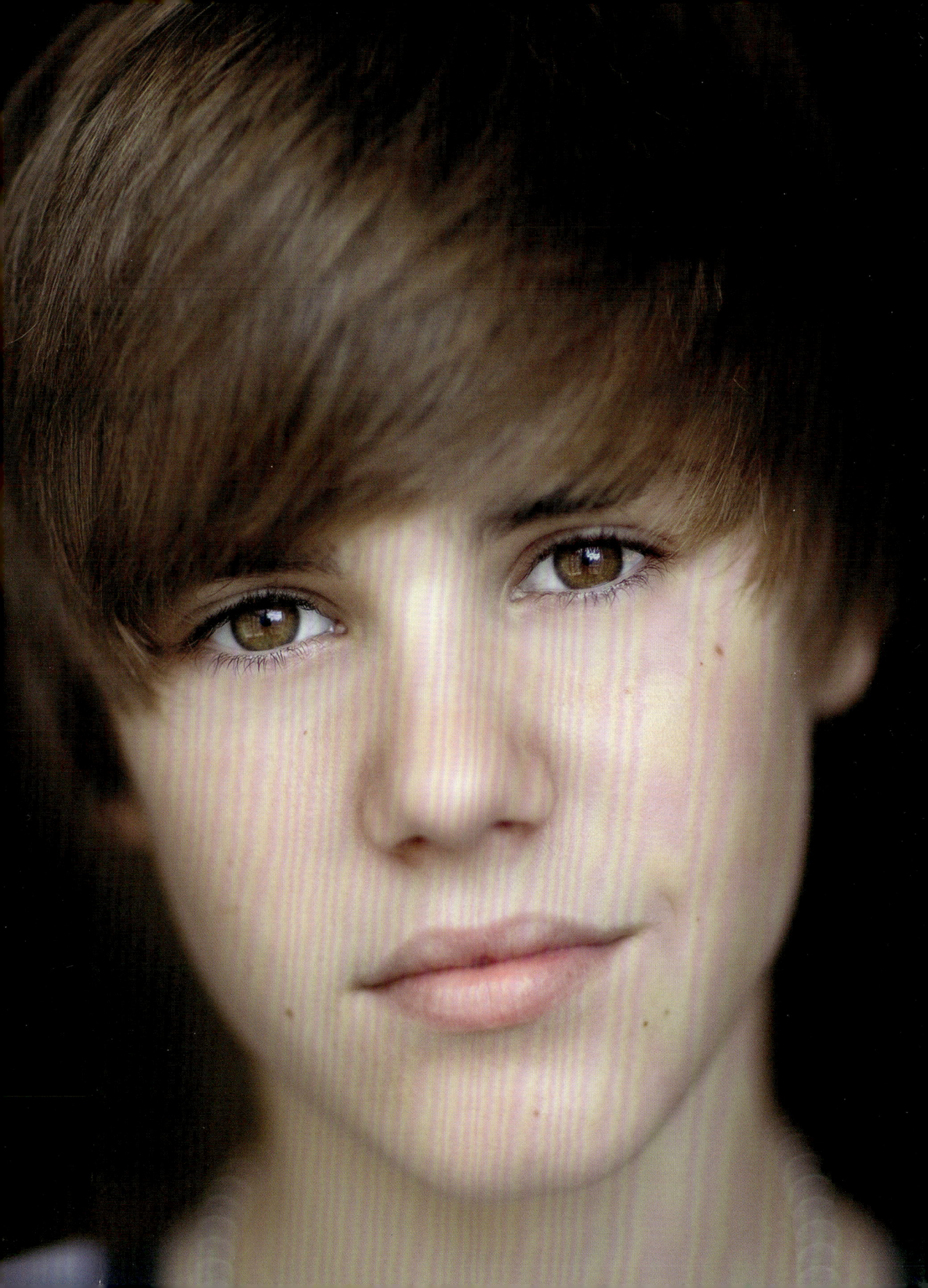

Sommaire

Spéciale dédicace aux meilleurs fans du monde **7**

1 Que la tournée commence ! **9**
2 Un musicien secret **25**
3 La star de Stratford **65**
4 YouTube : mon premier million **97**
5 Une vie nouvelle **129**
6 Bienvenue dans mon monde **167**
7 Ce n'est qu'un début **205**

Remerciements **240**

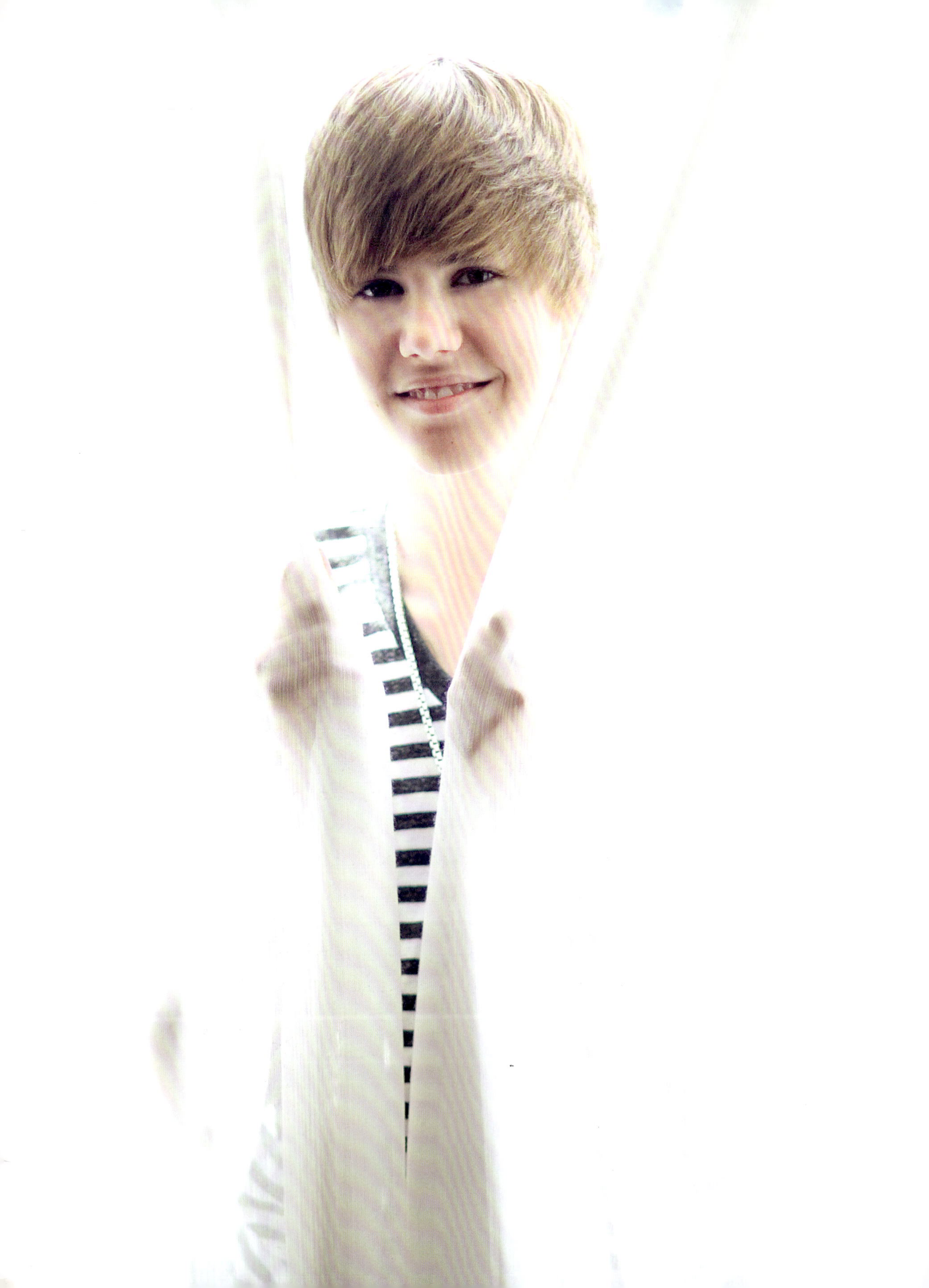

SPÉCIALE DÉDICACE AUX MEILLEURS FANS DU MONDE !

Et particulièrement à vous, les « girls »…
Comment vous remercier d'avoir rendu possible cette aventure merveilleuse ? Chacune d'entre vous est ma « Favorite Girl » pour une raison différente, parce que vous êtes toutes uniques dans votre genre. Où que j'aille, quoi qu'il arrive, j'essaie de garder le contact avec vous. Si vous vous tenez au premier rang d'un de mes concerts, je me pencherai pour vous prendre la main. Si vous vous trouvez à la sortie, vous risquez d'être arrosées par une de nos légendaires batailles d'eau. Si vous êtes sur Twitter en train d'échanger des messages avec vos amies, vous aurez peut-être la chance – une sur un million – que je vous suive. Mes rêves, eux aussi, avaient une chance sur un million de se réaliser, et sachez que, sans vous, rien de tout cela n'aurait pu voir le jour. C'est pourquoi je souhaite partager mon histoire avec vous : vous allez partir en voyage avec moi, partager mes hauts et mes bas, mes rires et mes pleurs. Vous étiez là dès le départ. Une fois que, grâce à ce livre, vous aurez vu ce que j'ai vu, et ressenti ce que j'ai ressenti, j'espère que vous réaliserez que de grands rêves peuvent devenir réalité. Je vis les miens aujourd'hui. Grâce à vous.

LUV YAH,
JUSTIN

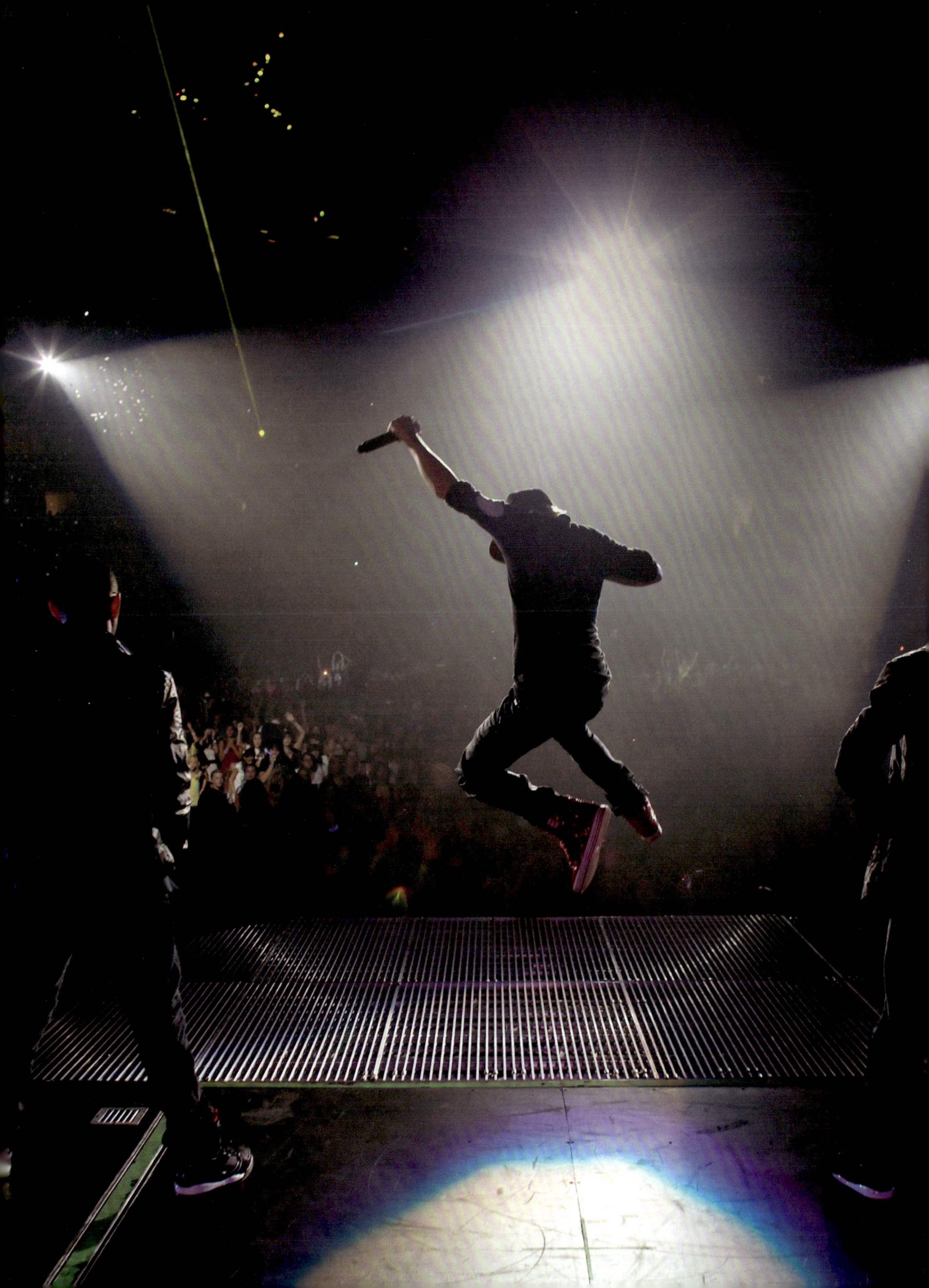

CHAPITRE 1

QUE LA TOURNÉE COMMENCE

> **justinbieber** Merci au Canada! Je suis triste de devoir partir, mais on commence une tournée, et je dois répéter… Mon bus est d'enfer! C'est une fête ambulante!
>
> 4:17 PM 21 juin via web

HARTFORD, CONNECTICUT
MARDI 22 JUIN 2010
9 H 45

En pénétrant dans l'arène du XL Center, le complexe sportif, je donne un coup de coude à grand-papa, en m'écriant:

– Dis donc! Ça sent le hockey ici, non?

– Et comment!, me répond-il en riant chaleureusement.

Dans moins de quarante heures, le XL Center sera rempli à craquer: presque 20 000 fans hurlant! Mais, pour l'instant, l'endroit aurait plutôt besoin d'un Zamboni.

Le Zamboni, c'est cette grosse machine, qui ressemble à un minitank, que l'on déplace sur la glace pour l'égaliser, à la mi-temps d'un match de hockey. Elle fait fondre la couche superficielle, qui gèle à nouveau presque immédiatement, laissant une surface aussi lisse que du verre. Non, mais je n'arrive pas à croire que je suis en train de décrire ce qu'est un Zamboni! C'est comme expliquer ce qu'est une chose qu'on a connue pour ainsi dire toute sa vie.

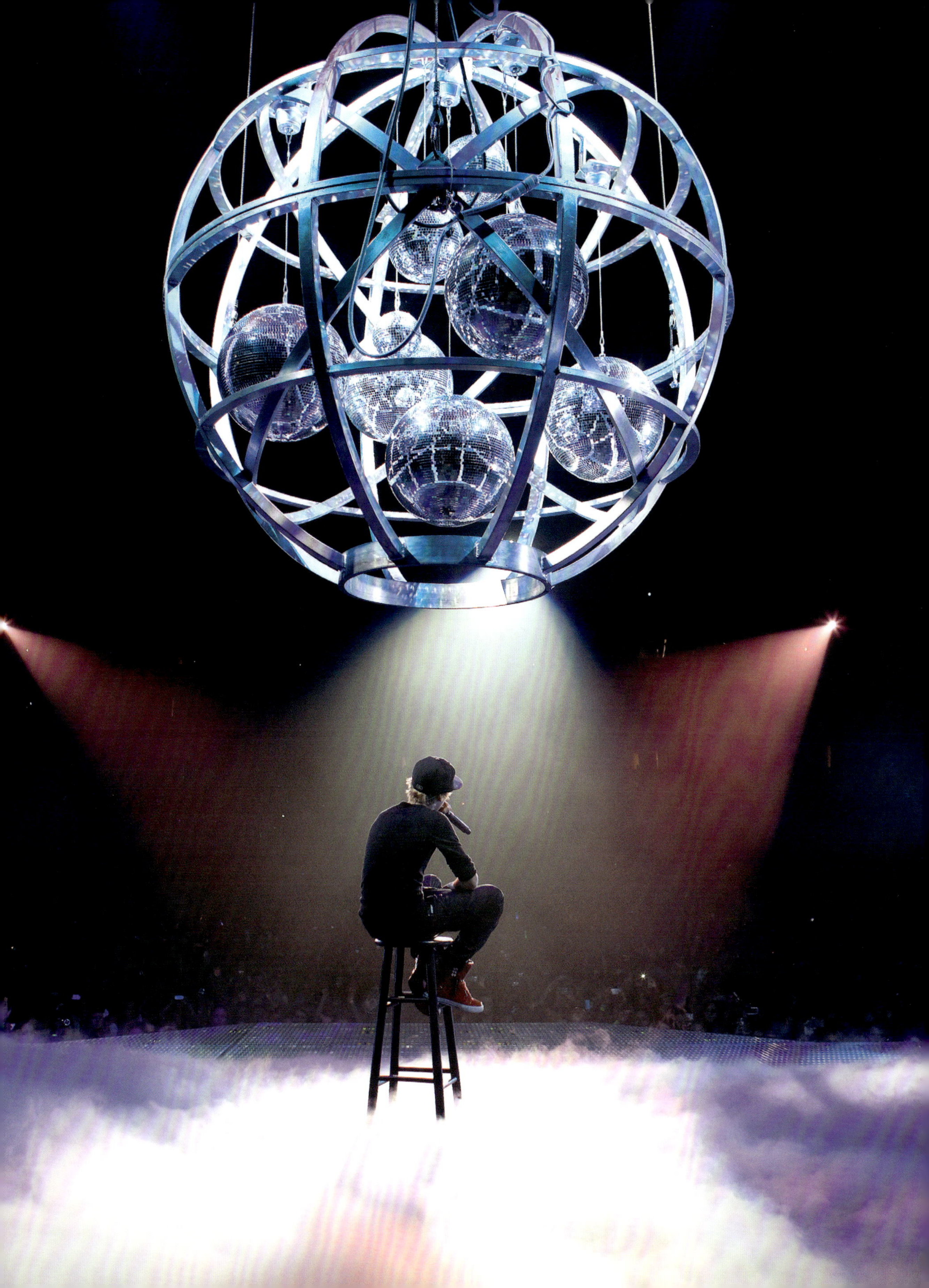

"Tout peut changer en trois ans…"

Le hockey, c'est notre passion, à nous les Canadiens. On a ça dans le sang.

Parfois, on confie le volant du Zamboni à une célébrité – un héros de la guerre, la lauréate d'un concours de beauté, un présentateur local… Alors, jusqu'à il y a trois ans, pour moi, c'était ça une star : quelqu'un qui a le droit de conduire le Zamboni. Une rock star, c'était quelqu'un qui fait sa tournée en voyageant en bus.

Tout peut changer en trois ans. Quand j'avais 12 ans, celui qui allait devenir mon manager, Scott 'Scooter' Braun, m'a vu dans une vidéo sur YouTube, en train de chanter sur la scène d'un concours de jeunes talents. Lorsque j'avais 14 ans, nous avons collaboré avec Usher pour enregistrer un disque. À mes yeux, non seulement c'est un héros, mais c'est aussi la personne qui m'a fait connaître dans le monde. Quelques mois après mes 15 ans, je sortais mon premier single. Aujourd'hui, j'en ai 16 et je m'apprête à partir en tournée en tête d'affiche.

C'EST PRESQUE… IRRÉEL.

« My World Tour » me mènera dans 85 villes, aux États-Unis et au Canada – me permettant de faire la connaissance de millions de fans –, tout cela en moins de six mois. Sur la route, avec moi, il y aura Legaci (mes choristes), mes danseurs, mes musiciens, ainsi qu'une grande équipe. Pour transporter tout ce monde et l'équipement, il nous faudra huit bus, et toute une armada de semi-remorques.

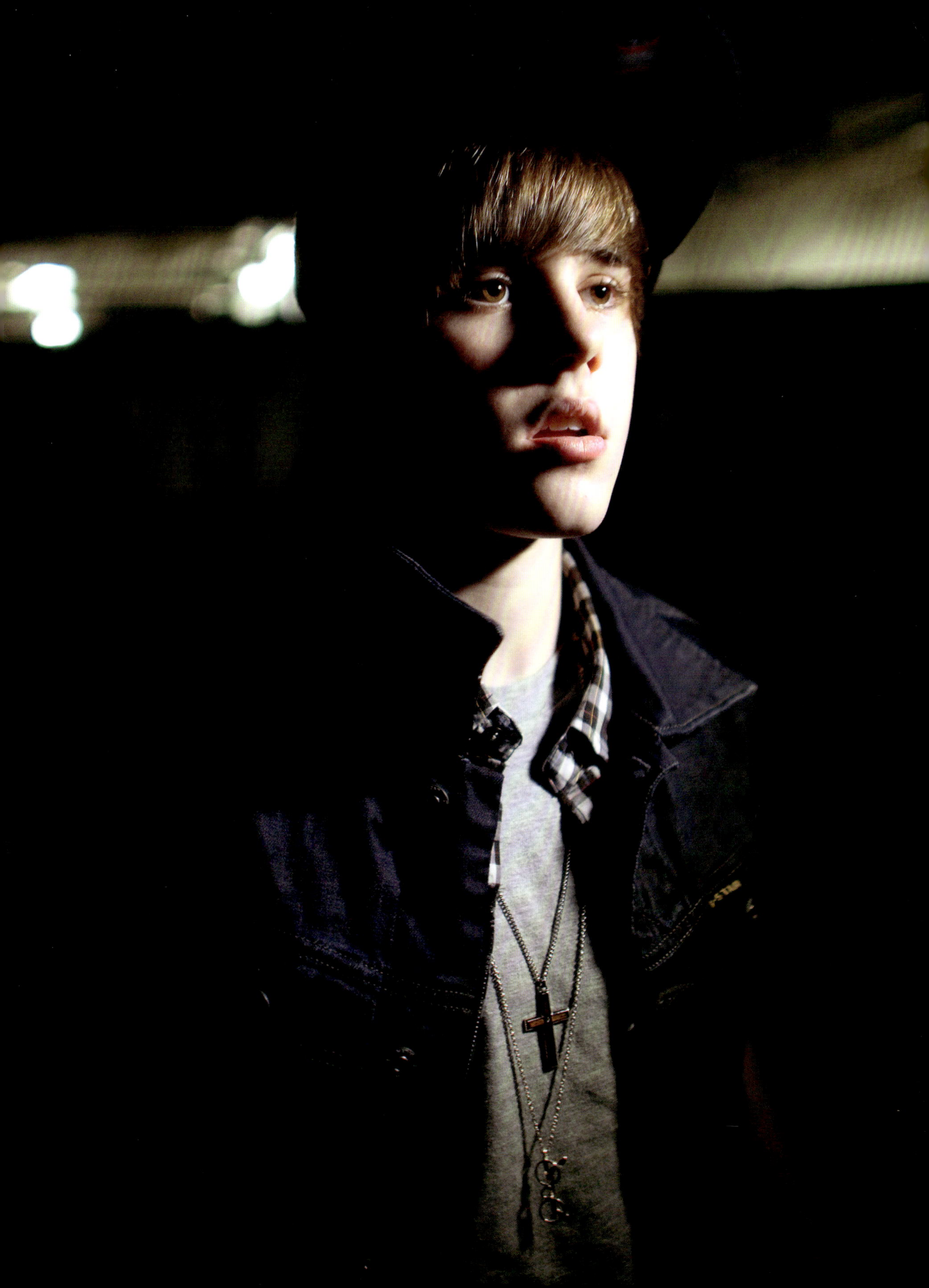

"'My World Tour' me mènera dans 85 villes, aux États-Unis et au Canada, tout cela en moins de six mois."

Je me dirige vers le bus avec mes grands-parents, Bruce et Diane Dale, et Kenny Hamilton, mon garde du corps « ninja » personnel, qui est aussi une victime fréquente de mon pouvoir de destruction sur la Xbox 360. Ma mère, Pattie Mallette, trottine avec grâce derrière nous sur ses hauts talons, moulée dans son jean. Elle est incroyable, elle a tout sacrifié pour moi.

Scooter est sur place depuis des heures. Entre deux coups de téléphone hystériques, il fait quelques paniers avec les techniciens et les danseurs. Scooter est le cerveau de l'opération. Lui et son équipe se chargent de tous les détails de la mise en place : les contacts avec les médias, la planification des interviews ; la logistique, c'est-à-dire par exemple décider qui va dans quel bus… Scooter est toujours en train de monter de nouvelles stratégies – pour lui, la vie, c'est comme les échecs, il a toujours huit coups d'avance.

C'est une bête !

Après un check rapide du poing avec Kenny et quelques embrassades pour ma mère et moi, Scooter nous conduit, à travers le labyrinthe des coulisses, vers l'arène, où les gréeurs se trouvent suspendus dans un panier de métal en forme de nacelle de montgolfière. Kenny et moi approuvons d'un signe de tête.

Cet engin est destiné à me faire voler au-dessus du public lors de ma chanson *Up*. Je décolle de dix mètres au-dessus de la scène et je glisse au-dessus des têtes, porté par des vagues d'énergie et de son. Je ne descends pas trop bas, pour que les spectateurs ne puissent pas me toucher, mais suffisamment pour distinguer leurs visages. J'espère vraiment que mes fans seront enthousiastes en voyant ça. Mais voilà qu'aujourd'hui, en se déplaçant sur ses rails, la nacelle émet un bruit aussi fort que celui d'une grosse cylindrée. Puis elle s'arrête et oscille vers la droite. Je m'écrie :

– Hé ! Les gars ! Ça devrait pas pencher comme ça !

Tout en haut, les techniciens chuchotent frénétiquement dans leurs talkies-walkies. Mais, alors que mon petit déjeuner commence à se rappeler à mon estomac, je sens des bras rassurants m'entourer les épaules. La petite amie de Scooter, Carin, est juste derrière moi. Elle nous assiste durant la tournée – en fait, elle est surtout là pour nous aider, Scooter et moi, à ne pas perdre les pédales lors de ces épisodes éprouvants.

– Ne t'inquiète pas, me dit-elle. Tout va bien se passer. La sécurité passe avant les effets spéciaux, tu le sais bien.

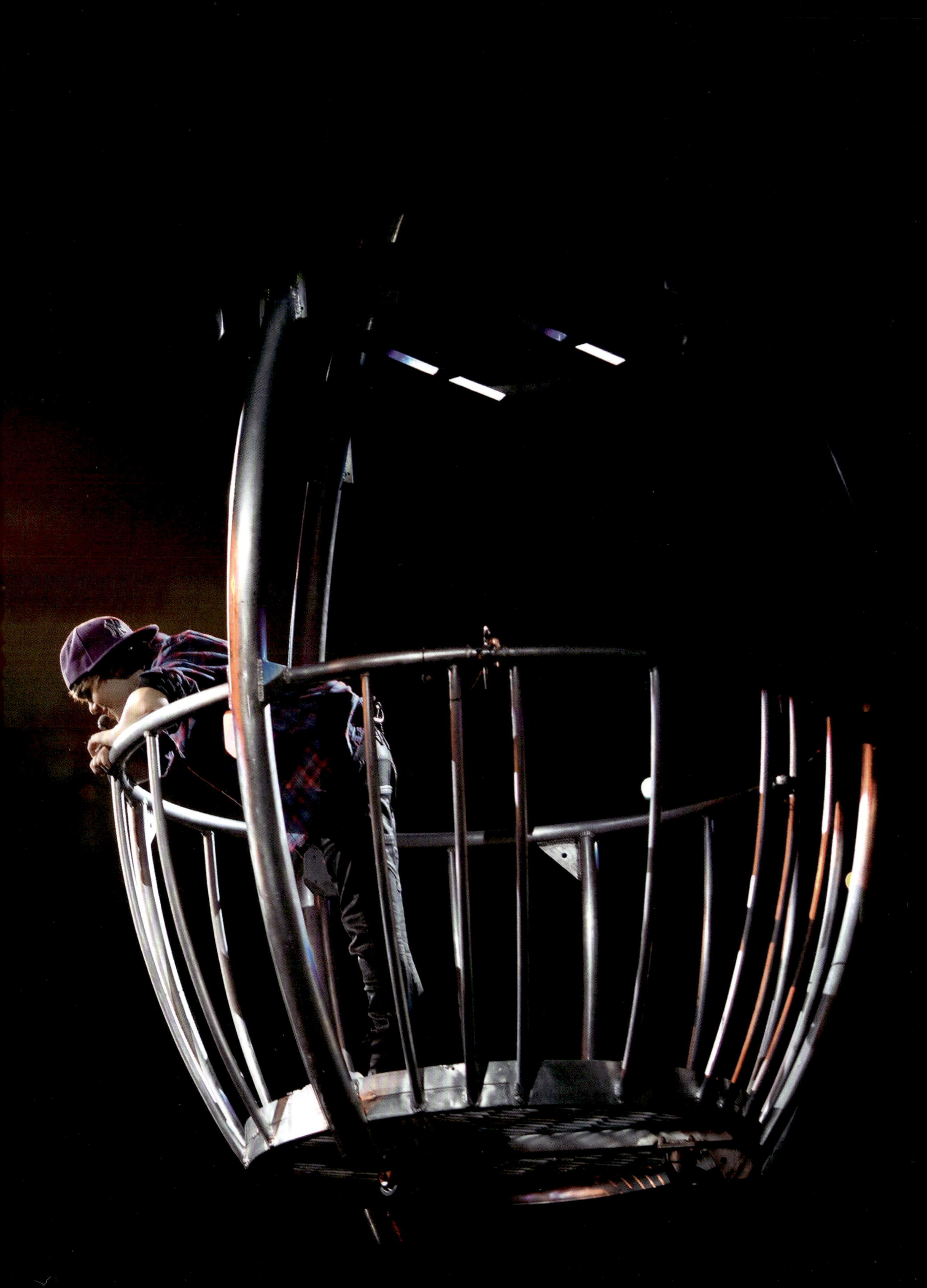

– Je sais. Mais je ne veux pas qu'on enlève un numéro. Mon spectacle est tellement génial ! Je veux juste que tout soit parfait.

– Ça le sera, affirme ma mère. Ça va être incroyable !

– Tout à fait, approuve Carin. Regarde, je crois que le problème est déjà réglé.

La nacelle en acier reprend sa position initiale, sans bruit, alors qu'on entend les réglages de la sono.

It's a big, big world. It's easy to get lost in it…

J'aime cette partie de la chanson. Le monde est grand, il est facile de s'y perdre… Parfois, j'ai l'impression que c'est ce qu'ils veulent tous. Mon monde est en effet devenu très grand, très vite, et les gens – je le sais parce que j'en ai eu la triste expérience – s'attendent à ce que je m'y perde. On me pose toujours des questions du style : « Comment avez-vous débuté ? » et « Comment gardez-vous les pieds sur terre ? » Là, au milieu du XL Center, la réponse à ces questions me vient : je suis entouré d'une équipe intelligente, extrêmement talentueuse, qui m'aime et veille sur moi à chaque pas à franchir. On ne me laisse pas perdre de vue d'où je viens ni où je vais. On ne me passe rien. Mon succès me vient de Dieu, à travers ceux qui m'aiment et me soutiennent, à travers mes fans. Chacun d'entre vous m'élève un peu plus.

"Mon succès me vient de Dieu…"

"Mon monde est devenu très grand, très vite, et les gens – je le sais parce que j'en ai eu la triste expérience – s'attendent à ce que je m'y perde."

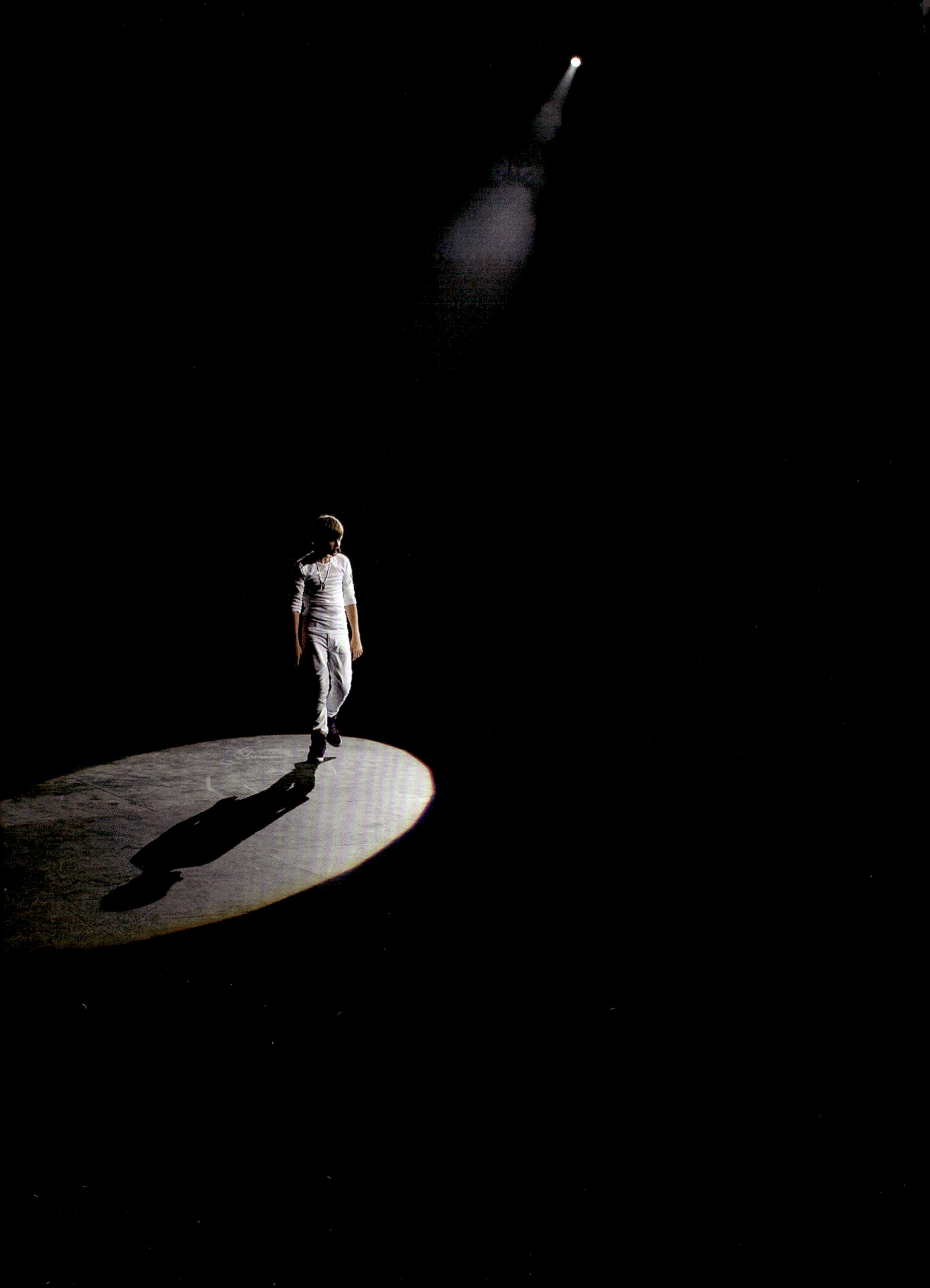

...nowhere but up from here, my dear... Baby we can go nowhere but up. Tell me what we got to fear. We'll take it to the sky, pass the moon through the galaxy. As long as you're with me...

Quelle aventure ! C'est mieux qu'un tour de Zamboni.

Je n'ai pas pris la mesure de l'ampleur grandiose du spectacle avant d'arriver au XL Center. Le directeur de la tournée, Tom Marzullo, Scooter et moi-même, on avait de grandes idées. Mais, aux répétitions, je n'en reviens pas. D'immenses plateformes volent dans les airs. La scène est sur deux étages avec des rampes et des paliers. Des grues élèvent des pièces géantes jusqu'au ciel pour les replonger dans les profondeurs du plateau. On a des machines à souffler du brouillard, des spots qui nous suivent, mes danseurs et moi. On s'envole à plus de 5 mètres au-dessus du sol : c'est une superproduction géniale. Et je n'arrive pas à croire que j'en suis le centre, je me sens responsable : il ne faut pas que je me plante.

— C'est beaucoup, déclare grand-papa, comme s'il lisait dans mon esprit. C'est… énorme. Mais ça va aller, Justin. Sois toi-même, et tout ira bien.

...we were underground, but we're on the surface now.

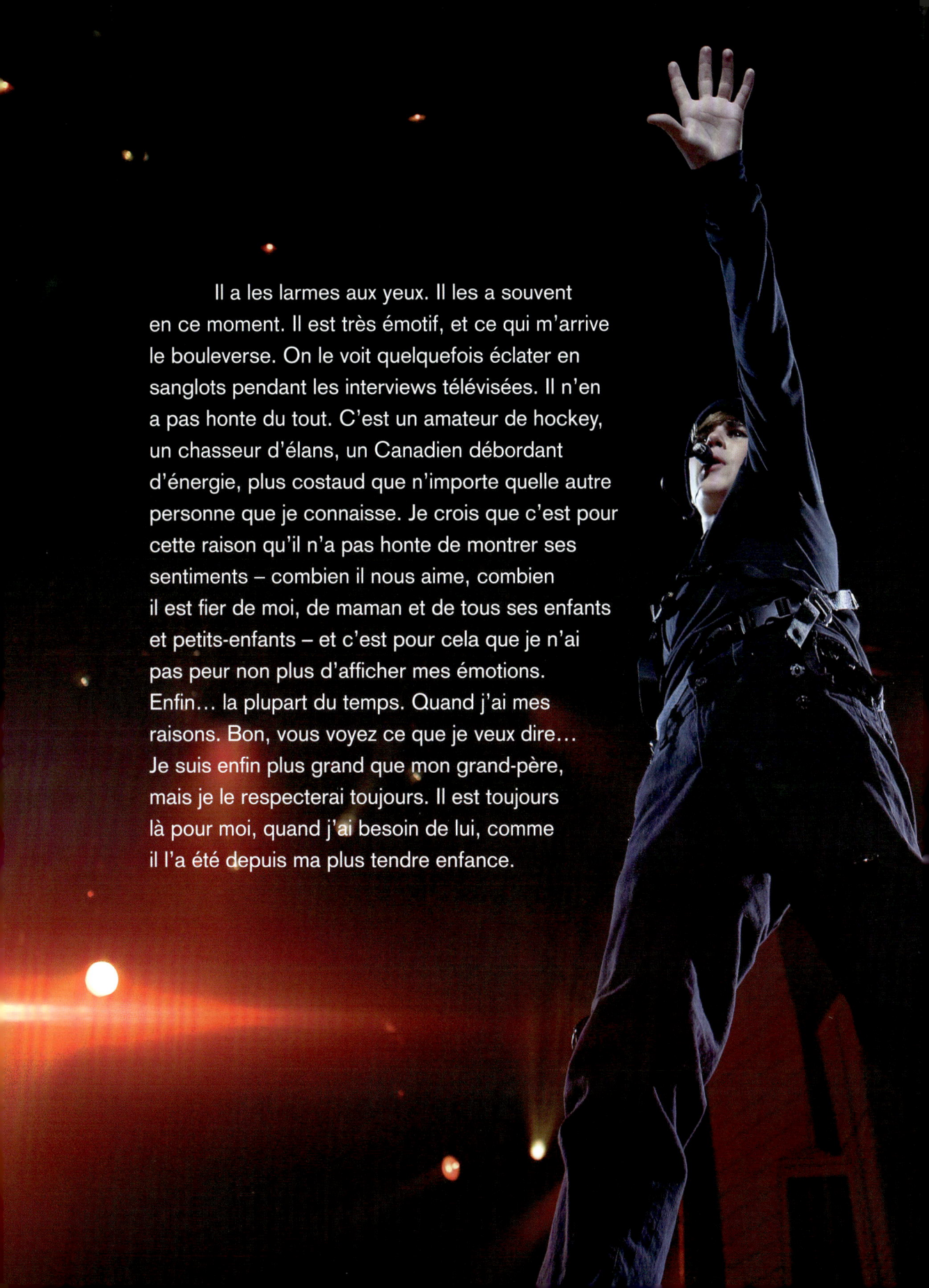

Il a les larmes aux yeux. Il les a souvent en ce moment. Il est très émotif, et ce qui m'arrive le bouleverse. On le voit quelquefois éclater en sanglots pendant les interviews télévisées. Il n'en a pas honte du tout. C'est un amateur de hockey, un chasseur d'élans, un Canadien débordant d'énergie, plus costaud que n'importe quelle autre personne que je connaisse. Je crois que c'est pour cette raison qu'il n'a pas honte de montrer ses sentiments – combien il nous aime, combien il est fier de moi, de maman et de tous ses enfants et petits-enfants – et c'est pour cela que je n'ai pas peur non plus d'afficher mes émotions. Enfin… la plupart du temps. Quand j'ai mes raisons. Bon, vous voyez ce que je veux dire… Je suis enfin plus grand que mon grand-père, mais je le respecterai toujours. Il est toujours là pour moi, quand j'ai besoin de lui, comme il l'a été depuis ma plus tendre enfance.

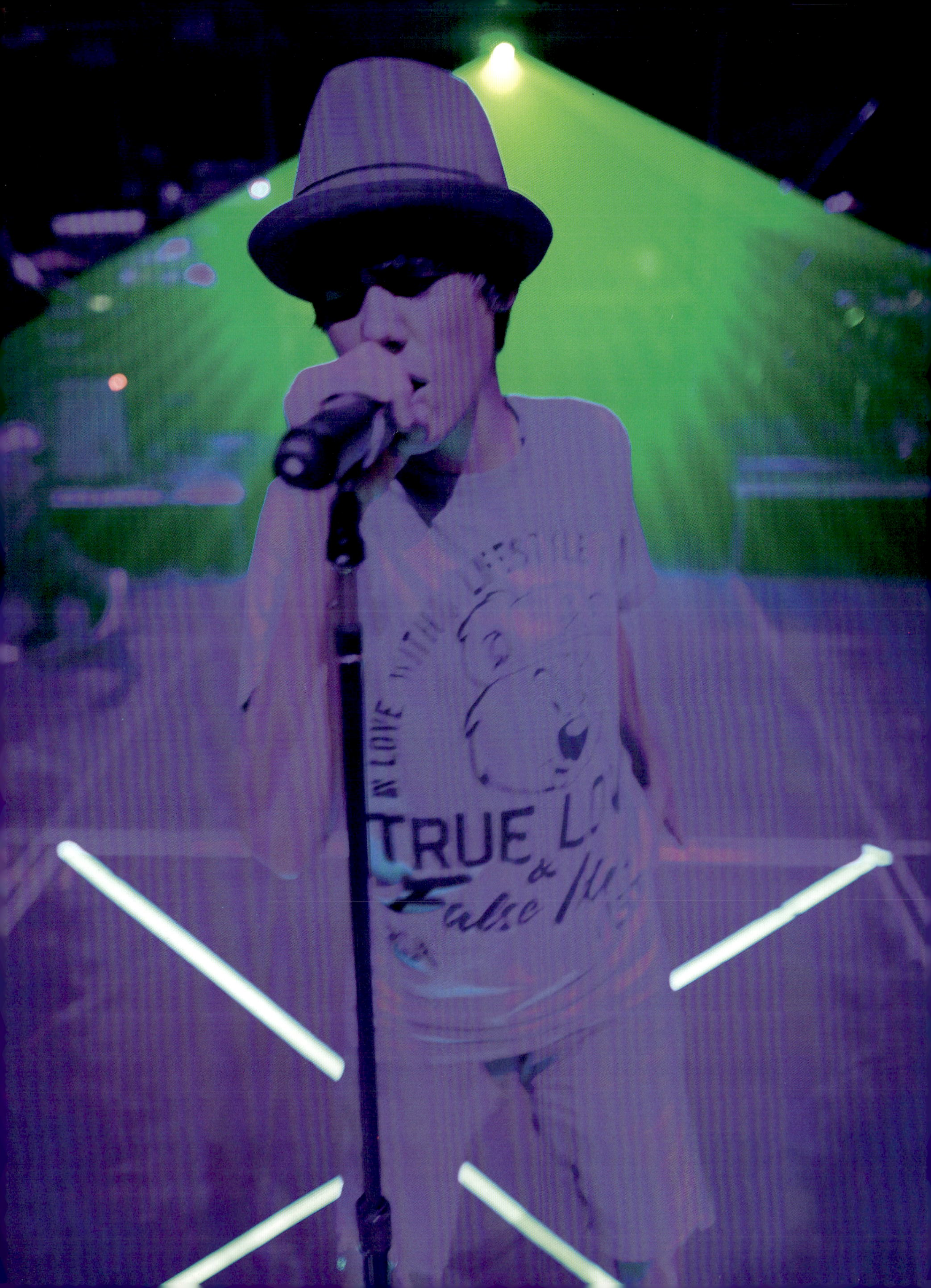
TRUE

CHAPITRE 2

UN MUSICIEN SECRET

> **justinbieber** La musique est un langage universel qui nous rassemble tous, quels que soient notre pays natal ou la couleur de notre peau.
>
> 11:37 AM 19 mai via web

Le jour de ma naissance, le 1er mars 1994, Céline Dion s'installa en première position du Top 100 du classement américain avec *The Power of Love*. C'est une belle chanson pour débuter dans la vie. Mon directeur musical, Dan Kanter, qui adore Céline Dion, a dû être drôlement heureux. Comme elle passait sur toutes les radios, je l'ai sûrement entendue chanter, quand j'ai posé pour la première fois mon regard sur le ciel bleu de Stratford dans l'Ontario. Ma ville natale est située à 4 000 kilomètres au nord-est de Los Angeles, à 850 kilomètres au nord-ouest de New York, à 2 000 kilomètres au nord de Disneyland… Eh bien, ce jour-là, tout autour de la planète, les gens se délectaient à écouter la voix de Céline Dion.

Je suis fier d'être canadien et j'espère que je le montre à travers tout ce que je fais. J'adore le hockey sur glace et le sirop d'érable. Stratford est une ville très agréable à vivre. Les habitants y sont gentils, mais difficiles à impressionner. Quand j'y retourne pour voir mes grands-parents et mes amis, Ryan et Chaz, c'est-à-dire le plus souvent possible, tout le monde me traite comme avant.

Stratford est une ville d'environ 30 500 âmes, qui tient son nom de Stratford-upon-Avon, en Angleterre, la bourgade où est né Shakespeare. Il est donc logique que nous accueillions de nombreux dramaturges et comédiens. Nous avons même un énorme festival shakespearien – le plus important d'Amérique du Nord. Chaque été, un million de touristes affluent pour assister aux représentations de l'Avon Theatre et pour fureter dans nos magasins d'artisanat. L'hiver, en revanche, c'est plutôt calme.

Si vous regardez une carte de l'Amérique du Nord, vous remarquerez que l'Ontario ressemble à un petit triangle dont la pointe se glisse entre les Grands Lacs, et entre les États de New York et du Michigan. Stratford se trouve tout près de la frontière des États-Unis. Pourtant, quand je dis que je viens du Canada, certaines personnes pensent tout de suite pôle Nord et chiens de traîneaux. Les étés sont chauds et humides et, à l'automne, les arbres se parent de couleurs flamboyantes incroyables ! Au printemps, les bonshommes de neige piquent du nez, quand on ne les aide pas à s'écrouler d'un bon coup de pied ! Les tas de neige au bord des routes fondent. Les brins d'herbe percent le givre sur le terrain de base-ball. L'air sent le propre. Les aiguilles de pin mouillées embaument tout.

"Tout le monde me traite comme avant."

"Je suis fier d'être canadien et j'espère que je le montre à travers tout ce que je fais."

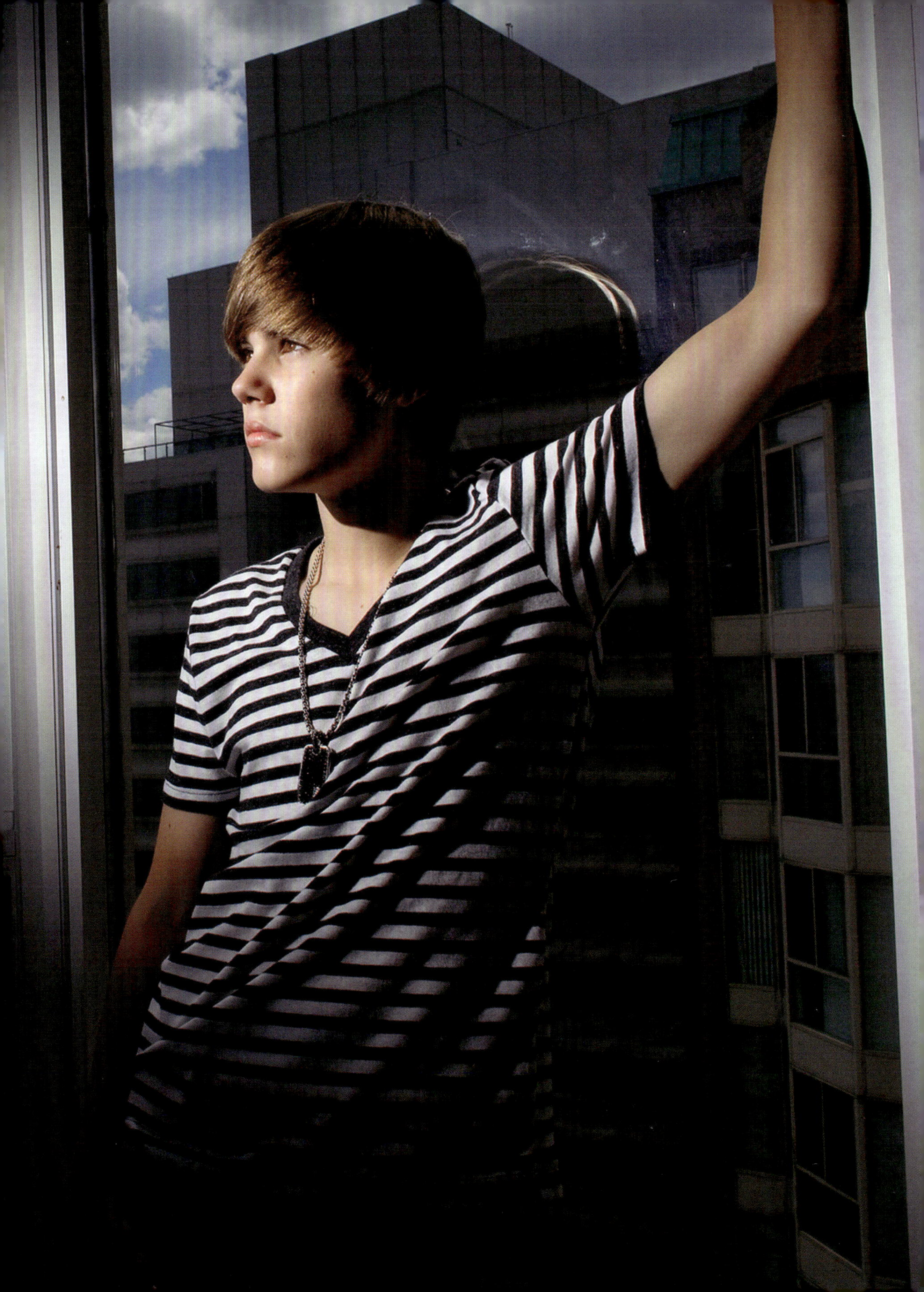

"Mon père a influencé non seulement ma vie, mais aussi ma musique."

Mon père et ma mère étaient encore des adolescents quand ils m'ont eu : ils n'étaient pas tellement plus vieux que je le suis aujourd'hui. Bon… ça m'angoisse un peu, alors je préfère ne pas trop y penser. Mon père, Jeremy Bieber, a dû assumer des responsabilités d'adulte à un très jeune âge. Lui et moi, on s'est toujours super bien entendus, et vous allez voir comment il a influencé non seulement ma vie, mais aussi ma musique. J'admire énormément ma mère pour le courage avec lequel elle a relevé tous les défis. Mes parents se sont séparés quand j'avais 10 mois. Peu après, mon père a été embauché en dehors de la ville. Maman a travaillé comme une folle pour que nous gardions tous les deux un toit au-dessus de notre tête. On a vécu dans des cités, et il n'y avait rien de luxueux dans notre petit appartement ; pourtant, je n'ai jamais eu l'impression que nous étions pauvres. Elle m'avait, et moi, je l'avais, cela nous suffisait.

Quand ma mère travaillait, elle me confiait à la garderie ou à mes grands-parents. J'avais chez eux une chambre à moi, que ma grand-mère avait peinte en bleu et blanc, décorée d'affiches de l'équipe de hockey sur glace de Toronto, les Maple Leafs : je suis fan depuis toujours ! En été, mes grands-parents nous emmenaient au bord d'un lac, Star Lake, et louaient un gîte à un club de chasse et de pêche. Les sœurs et les frères de ma grand-mère passaient, et grand-papa allait pêcher avec le père de grand-maman. Comme il était canadien français, il ne parlait pas l'anglais.

> "J'aimerais avoir une copine sympa."

Mon grand-père, lui, ne parlait pas le français. Vous imaginez qu'ils ne bavardaient pas tellement. C'est quelque chose que j'ai appris à la pêche : il n'est pas toujours nécessaire de parler.

Comme depuis mon plus jeune âge je parle à la fois l'anglais et le français, je leur servais d'interprète. « Demande-lui s'il a faim », me disait grand-papa. Je me tournais vers mon arrière-grand-père et demandais en français : « Avez-vous faim ? » Mon aïeul opinait avec enthousiasme. « Mais oui, j'ai très faim. »

Enfin, ils connaissaient tous les deux, dans les deux langues, les mots qui comptaient. Fish, poisson. Boat, bateau. Water, eau. Thanks, merci. You're welcome, pas de quoi. I have to pee, j'ai envie de faire pipi. De quoi d'autre a-t-on besoin pour se débrouiller ?

« La pêche se passe de paroles. C'est quelque chose qui arrive, voilà tout », se plaisait à répéter grand-papa, et il me semble que ce conseil s'applique à pas mal de domaines dans la vie. Je veux dire que c'est tellement génial quand vous pouvez être avec quelqu'un sans vous sentir obligé de raconter ce qui vous passe par la tête pour combler le vide ! Je déteste ces situations. Quand on est bien avec l'autre, on peut se taire et écouter de la musique, regarder un film, etc., sans se forcer à chercher à tout prix des choses à lui raconter. On est bien ensemble, voilà tout.

Quand ça marche entre deux personnes, on ne parle pas pour juste parler. Scooter m'a donné le meilleur conseil que l'on puisse donner à un garçon ou à une fille : il faut écouter. Écouter vraiment ce que l'autre vous dit, au lieu de vous creuser la tête pour trouver une réplique intelligente.

Pour en revenir au lac et à la pêche, je me souviens de moments très tranquilles au fil de l'eau. Maintenant, je fonce à la vitesse de la lumière – et j'adore ma vie. Je suis conscient d'avoir eu beaucoup de chance et, quand j'y pense, je suis plein de gratitude. Enfant, j'aspirais à une existence « normale » dans une famille « normale ». Désormais, je sais que je ne l'aurai jamais. Où que j'aille, je déplace avec moi toute une tribu, ce qui est parfois difficile à supporter pour ma famille. J'aimerais avoir une copine sympa, mais il faudrait qu'elle accepte ce cirque. J'espère pouvoir retourner un jour au bord du lac avec mon propre petit-fils, lui apprendre à pêcher à la mouche et lui raconter nos joyeuses réunions le soir, où tout le monde parlait et riait très fort en même temps, comme à Noël.

> **justinbieber** Il n'y a rien de plus agréable que de rentrer à la maison et d'y retrouver ses grands-parents, qui vous embrassent, avec un cœur gonflé d'amour.
>
> 6:24 PM 13 juin via web

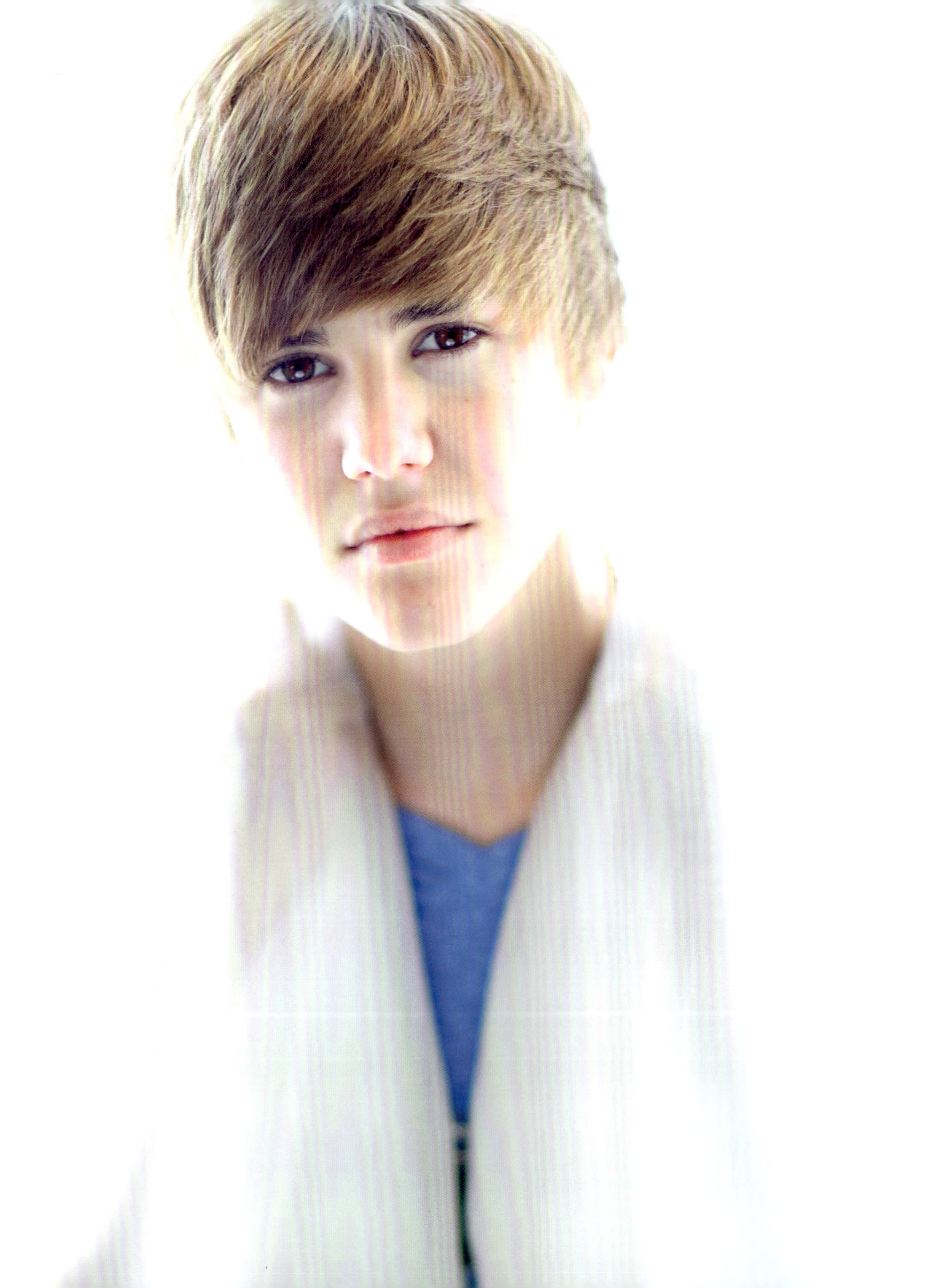

NOËL EN FAMILLE...
NOMBREUSE

La tradition, chez nous, c'était de nous réunir chez mes grands-parents au début de l'après-midi. Grand-maman avait décoré le sapin avec les boules qu'elle conservait au grenier. Les autres arrivaient petit à petit. Peu à peu, nous fûmes si nombreux que nous formions une petite foule. Car nous n'étions pas seulement entre grands-parents, parents et enfants. Notre famille méritait vraiment le qualificatif de « nombreuse ».

Le père biologique de maman étant mort quand elle n'était qu'un bébé, grand-papa, même s'il est son vrai papa, est théoriquement son beau-père. Il a épousé ma grand-mère quand maman avait 2 ans, ce qui explique pourquoi elle a un demi-frère, et grand-papa avait déjà des enfants d'un précédent mariage, dont mon oncle Chris. Comme cela serait pénible pour eux et leurs enfants de ne pas être avec grand-papa pour Noël, l'ex-femme de ce dernier et son mari sont invités, avec leurs enfants, ainsi que leurs cousins et d'autres parents, si bien qu'au bout d'un moment on ne sait plus quel cousin est le fils de quelle tante, ni qui est le beau-fils de quel grand-oncle. Et, au bout du compte, ça n'a aucune importance.

Nous formons une famille.

À Noël, nous nous régalons. Le dîner que prépare ma grand-mère est mortel! Vous verriez sa dinde au jus! Si seulement je pouvais en avoir une casserole pleine qui m'attende dans mon bus après le spectacle… Je n'en connais pas de meilleure. On se gave tous à se rouler par terre. Après quoi, on joue les cadeaux aux dés. Il faut que je vous explique. Chacun vient avec un cadeau. Si vous êtes une fille, vous en apportez un pour une fille; si vous êtes un garçon, un pour un garçon. Comme ça, il ne peut pas y avoir d'erreur sur le nombre. Chacun à votre tour, vous jetez les dés. Si vous avez deux chiffres semblables, vous gagnez un cadeau. Si vous en obtenez une deuxième fois deux semblables, alors vous vous appropriez le cadeau de quelqu'un d'autre. Ce jeu donne lieu à une grande partie de rigolade. On se dispute pour rire, parce que, de toute façon, personne ne sait ce qu'il y a dans les paquets. Qu'est-ce que ça peut bien faire si on vous enlève le vôtre? Le jeu continue jusqu'au moment où tout le monde a son cadeau. Ensuite on ouvre les paquets, et ça finit chaque fois par du troc.

Chacun donne ce qu'il a. Si votre cadeau ne vous convient pas, un autre vous plaira davantage, et le vôtre fera le bonheur d'un cousin. On n'a pas toujours ce que l'on veut. Mais, avec un peu de chance, on a ce dont on a besoin. J'ai une famille que j'aime… comme elle est. Sans compter tous ceux qui l'agrandissent maintenant, comme Scooter, Carin, Kenny, Ryan et Dan et bien d'autres dont je vous dirai un mot un peu plus loin.

"Chacun donne ce qu'il a."

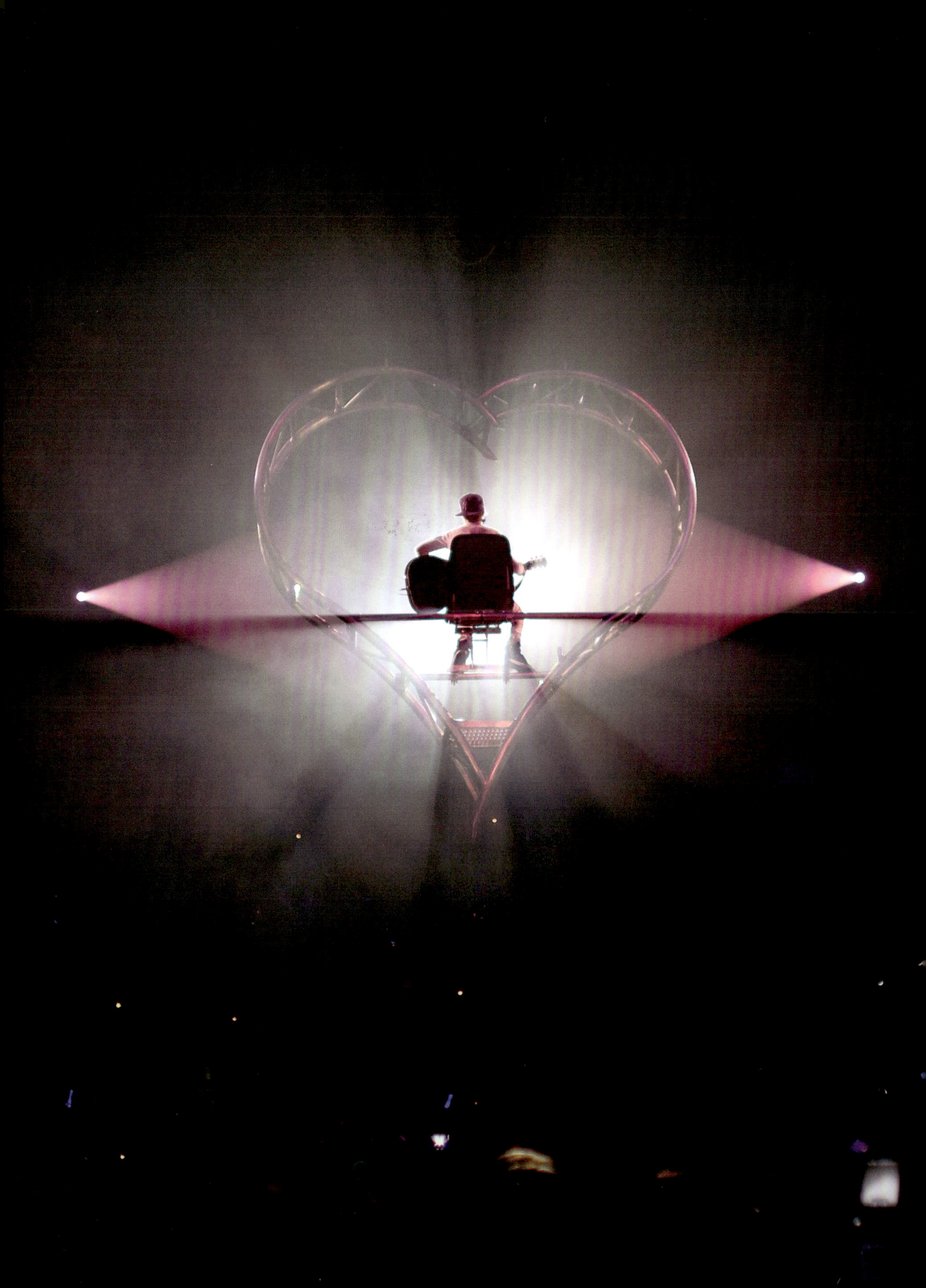

DOWN TO EARTH

J'ai écrit la chanson *Down to Earth* il y a quelques années, et j'étais très excité à la pensée de l'enregistrer pour mon album *My World*. C'est la chanson que mes fans préfèrent. Les gens trouvent qu'elle reflète mes origines. Elle ne nécessite pas de mise en scène à effets spéciaux pendant la tournée ; il me suffit d'y mettre tout mon cœur. Je n'ai pas peur d'exprimer mes émotions ; si vous aimez quelqu'un, il faut le lui dire. Si vous pensez qu'une fille est belle, dites-le lui. Si j'en crois Usher, certaines chansons marchent mieux quand il y a un sanglot dans la voix du chanteur. Il faut laisser les émotions profondes affluer à la surface. C'est l'impression que j'ai avec cette chanson. Parfois j'en ai les larmes aux yeux.

*No one has a solid answer.
But we're just walking in the dark.
And you can see the look on my face,
It just tears me apart.
So we fight through the hurt
And we cry and cry and cry and cry
And we live and we learn
And we try and try and try and try*

"Cherche ce qui est bon."

Au bout du compte, les familles sont ce qu'elles sont. Si vous avez la sensation d'être un phénomène de foire parce que la vôtre n'est pas comme les autres, j'ai une bonne nouvelle pour vous : c'est presque toujours comme ça. En fait, je ne sais pas s'il existe une famille que l'on peut qualifier de « normale » et, si cela existe, on doit y mourir d'ennui. Ou de peur ! Non, mais vous imaginez sérieusement un dîner avec la famille parfaite ! Rien que d'y penser, j'en ai froid dans le dos. Vous êtes là à vous demander comment les gens peuvent être aussi sereins ; ils jouent sûrement la comédie, ils ont un couteau de cuisine sous la table et sont prêts à vous égorger. Toutes les familles ont leurs problèmes. Ce qui compte, c'est comment on s'en sort.

– Cherche ce qui est bon, me conseille grand-papa.

Dans notre famille, tous les enfants savent qu'on les aime. C'est ce qu'il faut, aimer et accepter les autres comme ils sont. Vous leur pardonnez, en espérant qu'ils vous pardonneront à leur tour, parce que Dieu nous pardonne 600 fois par jour, et Il ne se pose pas de questions.

So it's up to you and it's up to me
That we meet in the middle
On our way back down to earth...

Papa était souvent loin à cause de son travail et, c'est vrai, quelquefois, ce n'était pas agréable pour moi. Pas agréable pour lui non plus. Mais la vie vous apprend que le monde n'est pas parfait. Si cela n'avait tenu qu'à nous, nous aurions été ensemble tout le temps. Et ce n'était pas agréable non plus pour maman, parce qu'élever un enfant seul, ce n'est facile pour personne, surtout quand il s'agit d'élever un farceur de mon genre. Il y avait des moments où je me disais « et si… » ou « cela aurait pu être autrement… ». Mais, à l'heure actuelle, je suis content de ce qui m'arrive et, tous les matins, je me réveille le cœur débordant de reconnaissance pour les bienfaits que la vie m'a apportés.

> "J'admire comment elle a construit sa vie et m'a aidé à bâtir la mienne."

Mon petit frère Jaxon et ma petite sœur Jazmyn sont les enfants de mon père. Ils sont très mignons. Je ferais n'importe quoi pour eux. Maintenant que je suis en tournée, je suis trop loin pour les voir grandir, mais ils savent que je suis leur grand frère et que je leur garde une place au chaud, dans mon cœur. Quand je pense à eux, je n'ai plus aucun regret concernant le passé.

Maman m'a exposé en toute franchise les choix qu'elle avait faits à mon âge. Certains n'étaient pas très judicieux et leur ont rendu la vie difficile, à elle et à ses parents. Avant ma naissance, elle a commencé à aller à l'église, c'est devenu très important pour elle. C'est à ce moment-là qu'elle a décidé qui elle voulait être, comme personne et comme mère.

Après ma naissance, elle a été obligée de travailler très dur. Pourtant, elle ne s'est jamais plainte. Elle m'a laissé être moi-même, tout en se montrant extrêmement vigilante. Elle m'a appris la discipline et a veillé à ce que j'aie conscience des conséquences de mes actes et à avoir foi en Dieu. J'admire la façon dont elle a su progresser en tirant des leçons de ses erreurs et comment elle a construit sa vie et m'a aidé à bâtir la mienne.

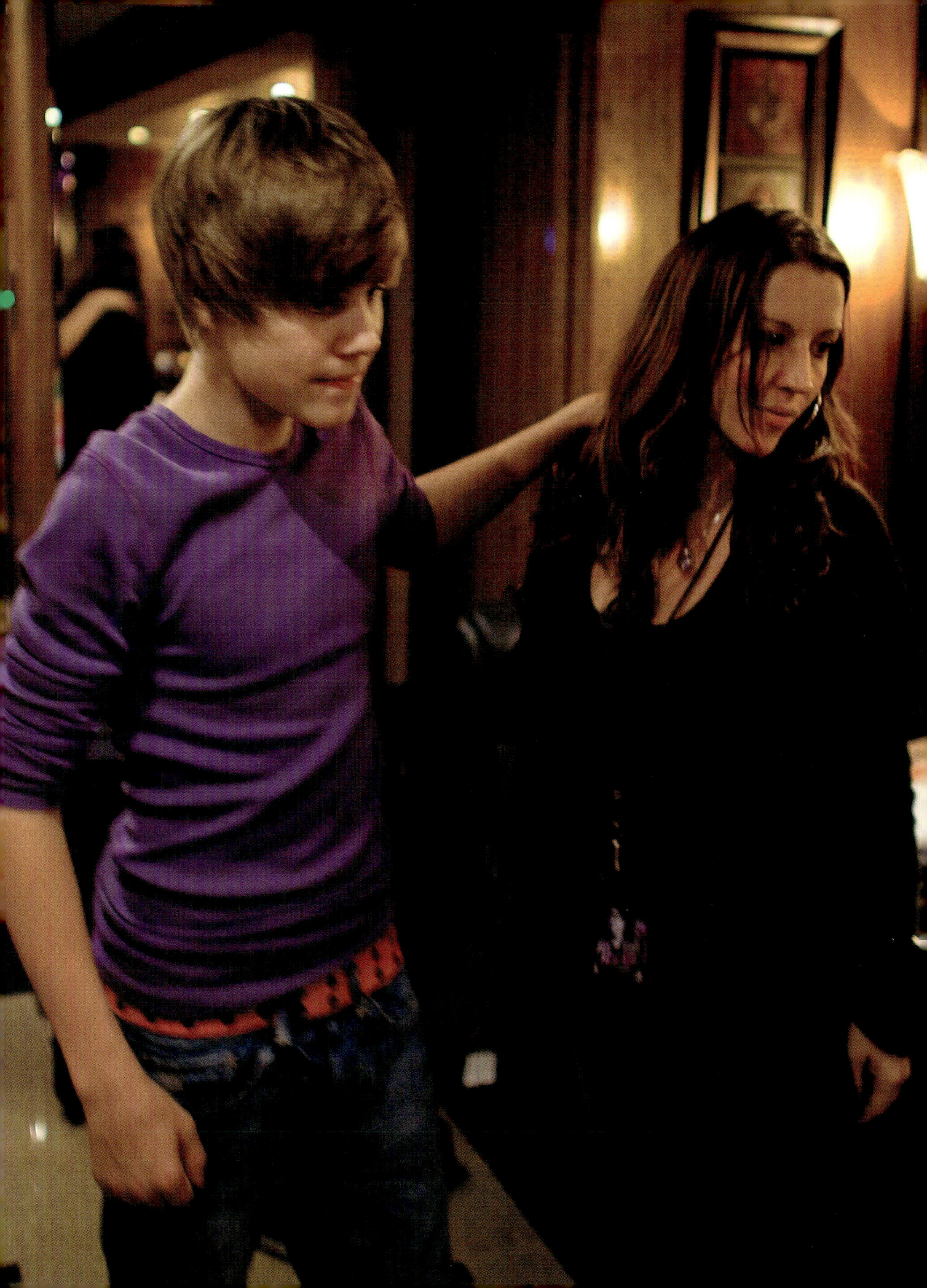

FOU D'AMOUR

J'avais 2 ans en 1996, quand le groupe The Cardigans connut son premier hit mondial avec *Lovefool*, un single tiré de son album *First Band on the Moon*. Cette chanson a été incluse dans la bande originale de l'adaptation cinématographique démente de *Roméo et Juliette*, un film vraiment génial. N'importe quel garçon peut se reconnaître en Roméo, qui joue l'indifférence devant ses copains, mais ne peut pas s'empêcher de lorgner les jolies filles de Vérone avant d'avoir le coup de foudre le plus mortel de tous les temps.

*My friends say I'm a fool to think
that you're the one for me.
I guess I'm just a sucker for love...*

C'est tout moi. Je suis un fou d'amour. En soi, ce n'est pas une mauvaise chose. Qui serait assez stupide pour le nier ? Je parie que 95 % des garçons de 16 ans seraient prêts à avouer que les filles leur inspirent quarante-cinq pensées toutes les trois minutes (les 5 % restants mentent). Tout le monde est à la recherche de l'amour, et on est tous touchés par le thème de *Roméo et Juliette*, amoureux jusqu'à en mourir, parce qu'ils sont séparés par l'intolérance.

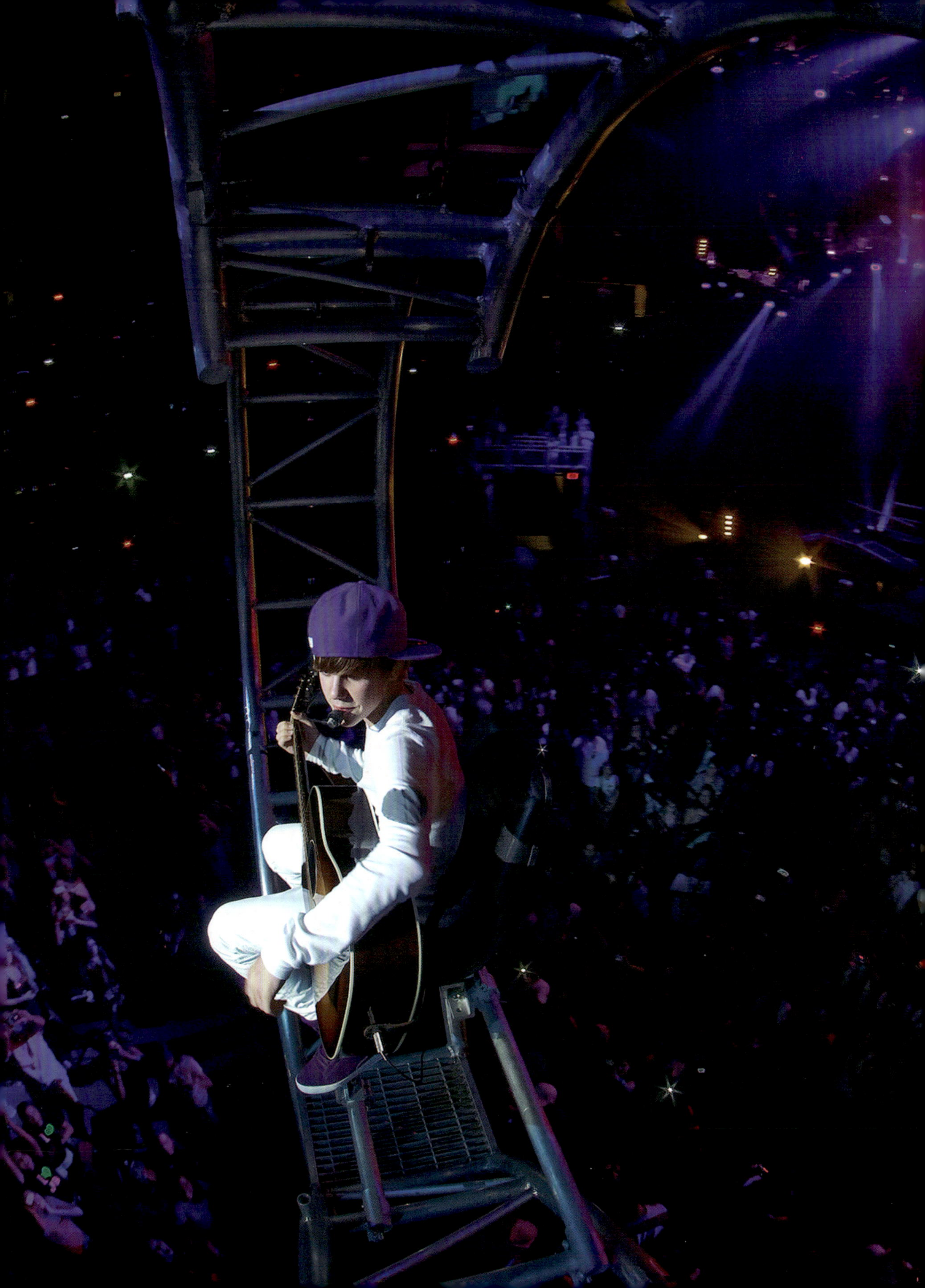

– C'est universel, dit Dan Kanter (mon guitariste et directeur musical, un mec extra). Ça fait vibrer une corde.

Dan ressemble à Paul Simon jeune et joue comme… eh bien, comme Dan Kanter. Je ne vois même pas à qui le comparer. Peut-être un mélange de Fergie et Jésus. Il a une licence de solfège et bientôt il aura un master de musicologie.

– Pas un master de spectacle, précise Dan. La musique, c'est autre chose. Quand je suis sur scène, j'essaie de ne pas penser à la théorie, mais la musique classique m'a appris que l'histoire de l'art, de linéaire qu'elle était, est devenue fragmentée. Et ça, c'est formidable !

Vous avez compris ? Je ne sais pas très bien de quoi il parle, mais une chose est sûre, c'est que Dan est intelligent. Ce qu'il tente de dire, je crois, c'est que la musique fait partie intégrante de notre vie, qu'elle l'accompagne comme une ligne temporelle. Quand je pense à ces millions de chansons géniales que j'ai entendues à la radio depuis que je suis né ! Et, de temps en temps, il y en a une qui remonte à la surface et influence ce que je suis en train de créer à ce moment-là, parce qu'elles font toutes partie de moi.

Tom est un visionnaire, et l'ouverture du spectacle qu'il a créée pour cette tournée est démentielle ! Je ne voudrais pas vendre la mèche, mais on me voit émerger lentement de la brume pour me lancer tout de suite dans *Love Me*. Ça me donne l'air d'un dur !

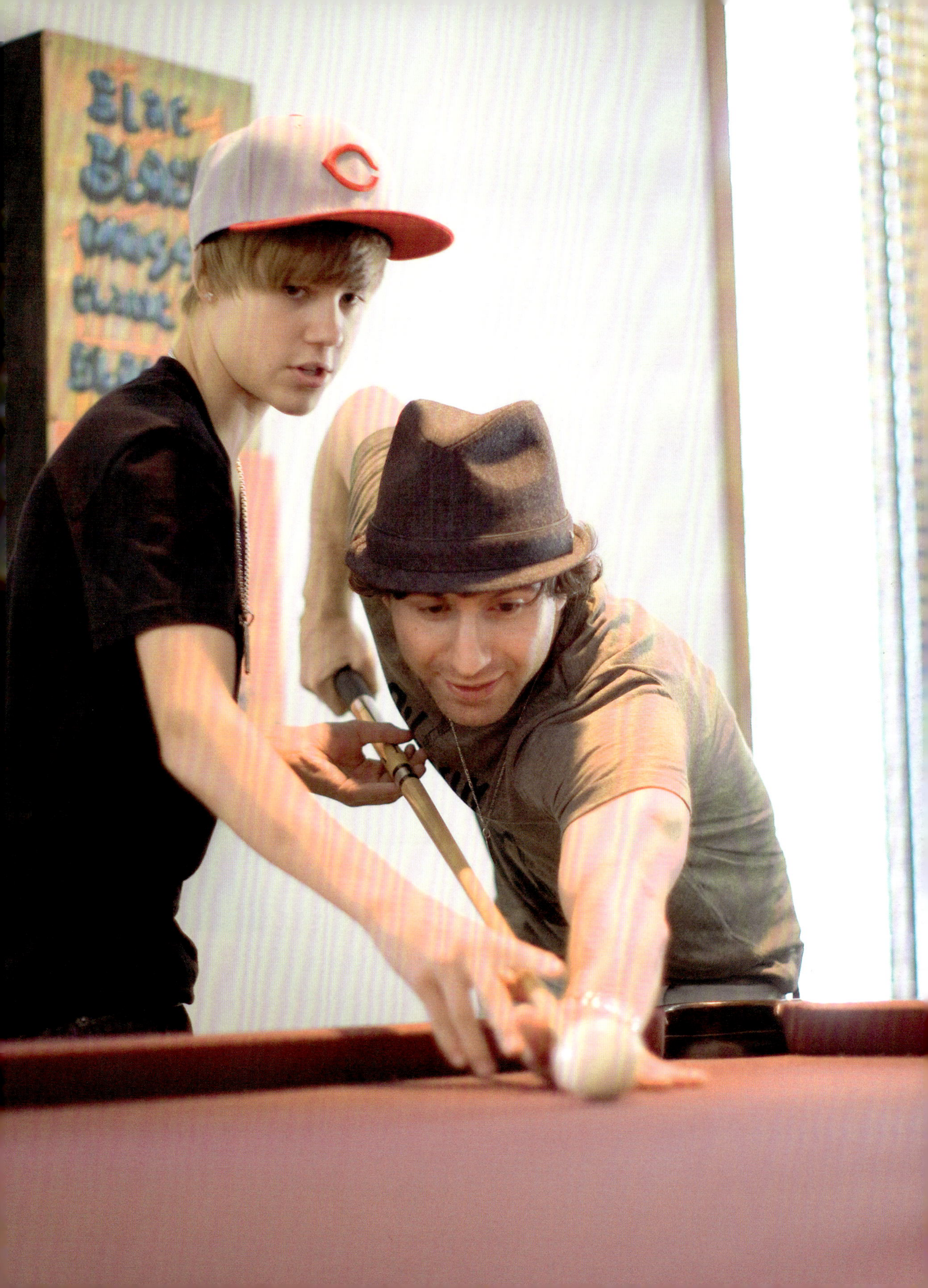

"On me voit émerger lentement de la brume pour me lancer tout de suite dans *Love Me*. Cette ouverture me donne l'air d'un dur!"

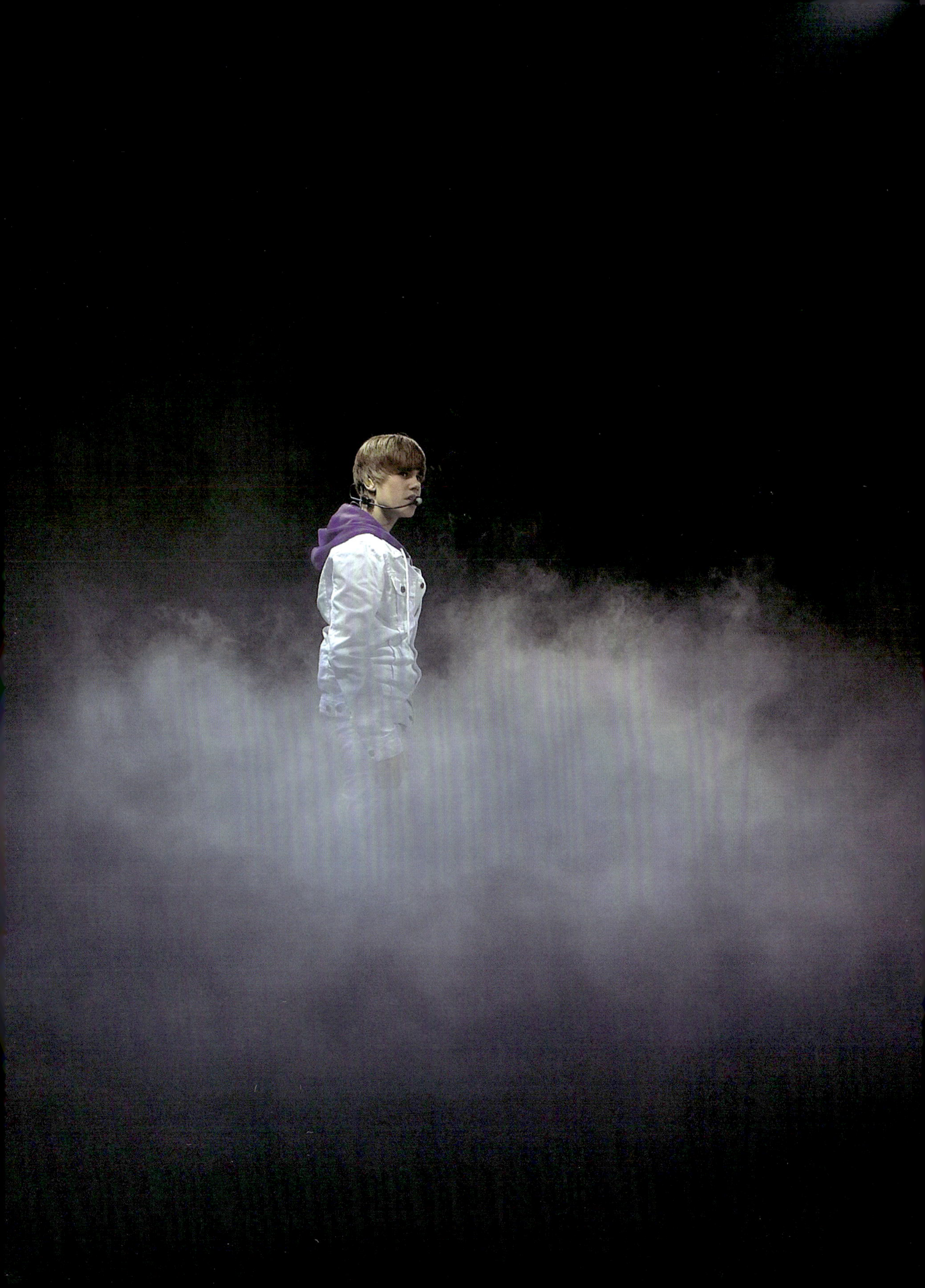

À VOS BAGUETTES

À en croire maman, en 1996, j'avais déjà la passion du rythme. Cela me paraît assez logique. La première chose que doit posséder un musicien, c'est le sens du rythme. Elle adorait la musique pop et, dans la voiture, elle mettait la radio à fond. À la maison, elle écoutait Boyz II Men ou Michael Jackson. Je tapais sur tout ce qui me tombait sous la main – poêles, casseroles, bassines, la table, les chaises. N'importe quoi. Je frappais en cadence le téléphone avec une cuillère. Maman a fini par m'acheter un petit tambour avec des baguettes, sans doute pour m'empêcher de casser la maison. Et moi, j'ai continué à taper jusqu'au moment où les gens ont commencé à se dire que je tapais drôlement en cadence.

Maman est chaleureuse, vive et drôle, et il y avait toujours des gens intéressants qui passaient à la maison. Les artistes qui n'ont pas les moyens aiment se poser dans le séjour d'une personne sympathique : ils y jouent de la guitare et discutent philosophie. Ce que vous venez de lire est la description de la salle de séjour où j'ai grandi. Je me rends compte que, ma mère étant célibataire, beaucoup étaient amoureux d'elle, mais, de son côté, elle mettait une barrière avec les hommes. Elle avait trop souffert.

À l'église que fréquentait ma mère, le culte se déroulait en musique, avec un vrai groupe. Ils étaient nos amis. Quelquefois, on s'attardait avec eux, et le batteur me permettait d'essayer ses cymbales. Quand il a vu que je voulais vraiment jouer – et pas seulement faire joujou –, il m'a hissé sur ses genoux pour une petite démonstration. Au bout d'un moment, il m'a tendu les baguettes et m'a permis de mettre toute la gomme.

À l'âge de 4 ou 5 ans, je grimpais sur le tabouret et je maniais les baguettes comme un grand. Vers la même époque, j'ai découvert que je pouvais aussi escalader le tabouret du piano et m'en donner à cœur joie sur le clavier.

À la stupéfaction de tout le monde, petit à petit, cela s'est mis à ressembler à de la vraie musique.

Vite ! J'en profite pour vous dire que si vous avez auprès de vous un gamin – votre petit frère ou un enfant que vous gardez – qui mène grand tapage, sous prétexte de faire de la musique, soyez un peu patient ! À un moment donné, il ne sera plus en train de s'amuser. Il jouera ! Il faut laisser les enfants se livrer aux activités où ils réussissent. Sinon, comment apprendront-ils ? Et, pendant que vous y êtes, laissez-vous aller à des activités où vous n'êtes pas brillant. N'ayez pas de complexes en vous demandant ce que les autres pensent de vous. Osez être un skateur ringard, un monteur vidéo nul, un golfeur qui rate tous ses trous. Si on ne fait que ce qu'on réussit, on n'apprend jamais rien. Pensez à tout ce qu'on rate dans la vie parce qu'on craint de se lancer et de passer pour des nuls. Honte à ceux qui ont peur et se moquent des gens qui ont le courage de prendre des risques. Ne restez pas les deux pieds dans le même sabot, remuez-vous ! Vous ne saurez jamais si vous êtes doué, si vous n'essayez pas.

Mais revenons à mes 5 ans.

Je devenais un batteur prometteur et commençais à me débrouiller au clavier. Maman et un de ses copains musiciens, Nathan McKay, que mes grands-parents surnommaient le Roi Lion à cause de sa grosse barbe hirsute, se sont dit que je devrais peut-être avoir ma propre batterie. Nathan – le Roi Lion – et ses copains formaient un groupe et jouaient dans un bar du quartier. Un jour, ils ont fait une collecte et, avec l'argent, ils m'ont acheté une batterie, complète, avec grosse caisse, toms, caisse claire, charleston et cymbale. J'étais fou de joie. Après ça, maman devait mettre la chaîne à fond pour que je puisse jouer en même temps que la musique.

Cet été-là, certains membres du groupe de l'église se sont produits pendant le festival. Ils m'ont invité à tenir la batterie. J'étais si petit que l'animateur ne m'a pas vu assis sur mon siège. Il a crié quelque chose comme : « Hé, les gars, c'est cool d'être venu avec une batterie, mais où est le batteur ? » J'ai fait rouler mes baguettes – ba-doum-boum-chhh ! – et il a tendu

> "N'ayez pas de complexes."

le cou pour m'apercevoir derrière la cymbale. Après quoi, il s'est tourné vers le public : « Vous allez pas me croire ! Il y a un p'tit gars là, derrière, avec sa casquette à l'envers ! »

Deux ans passent, et je fais des progrès énormes. On est en quoi ? 2000… 2001, et vous savez ce que ça veut dire : Beyoncé.

Le groupe Destiny's Child de Houston fait un tabac et grille tout le monde avec *Survivor* et *Bootylicious*. La même année, j'entends Alicia Keys chanter *Fallin*, que je ne me lasse toujours pas d'écouter. Usher chante *U Remind Me*. Missy « Misdemeanor » Elliot sort cette vidéo géniale *Get Ur Freak On*, et puis il y a ce remake dément de *Lady Marmalade* par Christina Aguilera, Lil'Kim, Mya et Pink. Sans compter de nouvelles créations d'Outkast, de Nelly, d'Uncle Kracker, de Mary J. Blige. En somme, pour la musique, ce fut une très bonne période.

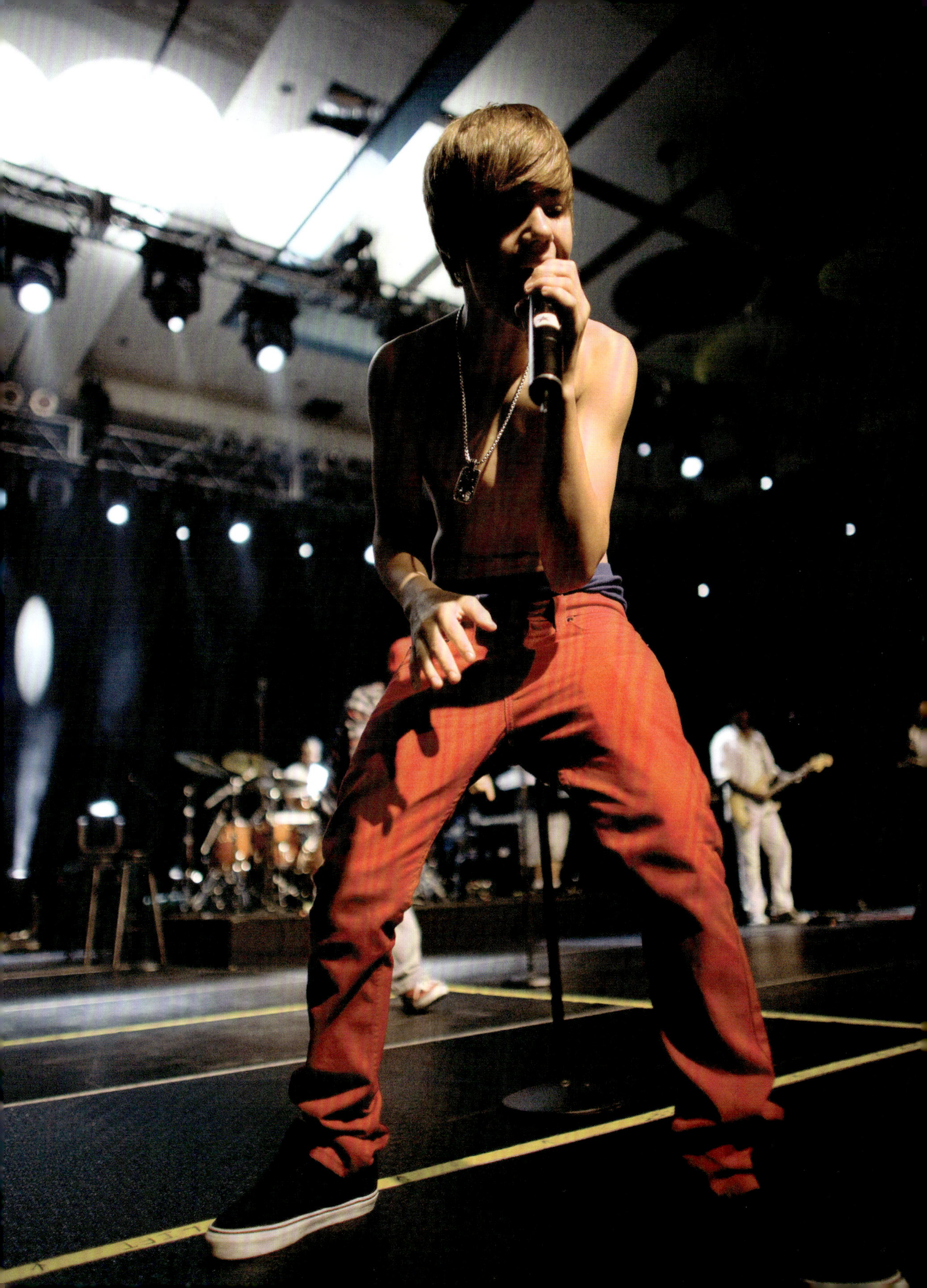

LA MUSIQUE DANS LA PEAU

À 6 ans, je suis entré à l'école catholique Jeanne Sauvé, à Stratford, mais, quand je retournais à la maison, je tapais sur ma batterie et écoutais la radio. Je composais aussi de petits morceaux au piano. Je ne savais pas lire les notes – je commençais à peine à apprendre à lire des livres –, et maman n'avait pas les moyens de me payer des leçons, mais je savais quel son je voulais obtenir. Quand les accords et la mélodie ne collaient pas ensemble, je le sentais, comme quand on sent qu'on s'est trompé de pied en mettant ses baskets. J'expérimentais. À l'église, j'avais l'impression que les harmoniques étaient presque suspendus dans l'air. Ce n'est pas que j'apprenais vraiment, j'assimilais la musique par la peau. Je ne vois pas d'autre manière de l'expliquer.

Dès que mon bras a été assez grand pour gratter les cordes d'une guitare, je me suis mis à cet instrument. Il faut d'abord renforcer les muscles de sa main et, avant que des callosités ne viennent vous protéger le bout des doigts, on croit toucher des lames de rasoir. Beaucoup de gens se découragent à ce stade. Ils se disent : « Ah, j'aimerais bien jouer de la guitare. Ça a l'air facile. » Au bout de trente minutes, ils sont là : « Aïe ! Ça fait mal ! » Ils oublient combien ils trouvaient cela amusant et laissent tomber.

"Maman n'avait pas les moyens de me payer des leçons, mais je savais quel son je voulais obtenir… J'assimilais la musique par la peau."

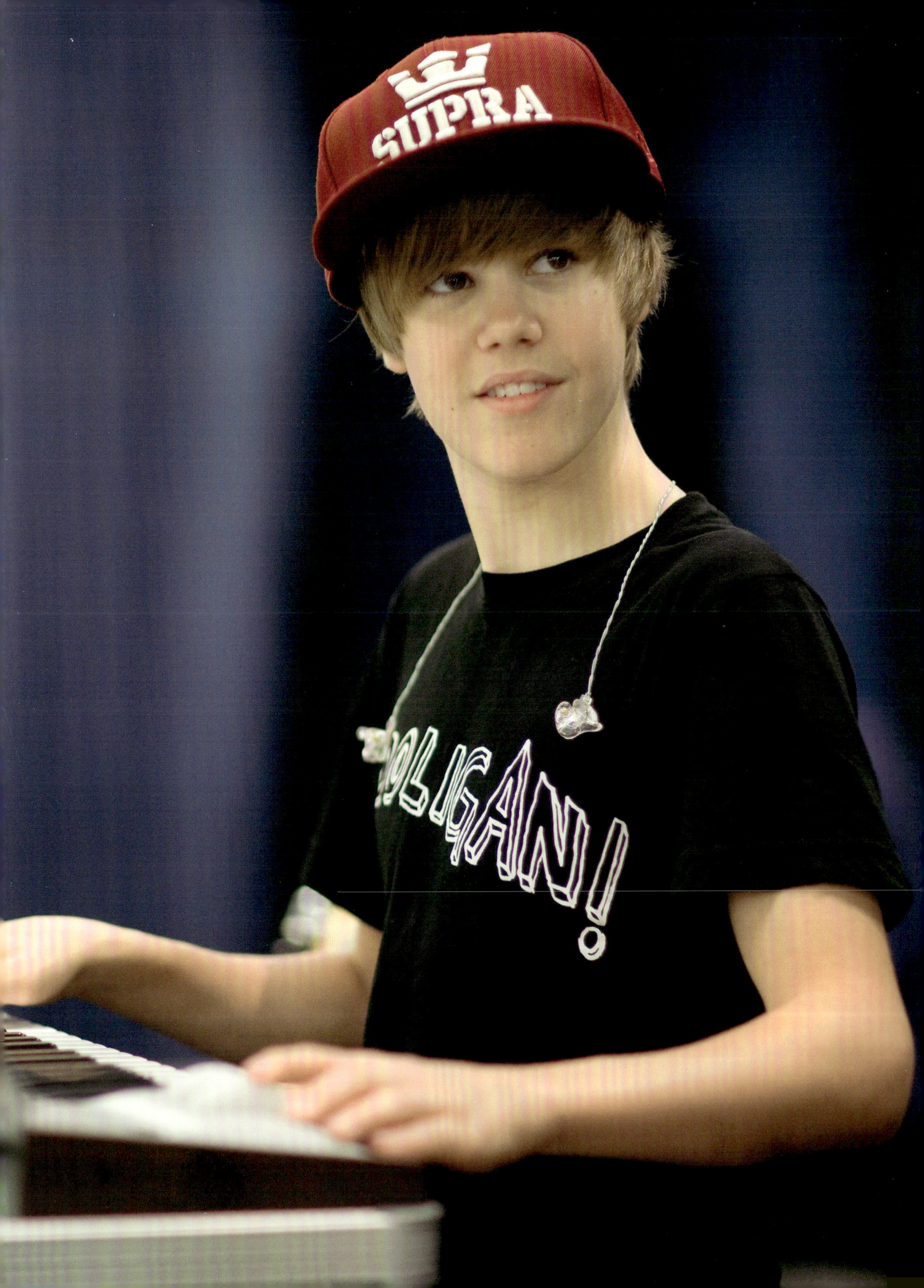
SUPRA

En fait, avec un peu de persévérance, on s'habitue vite, et ensuite on n'arrête pas de gratter, même quand on regarde la télé ou qu'on attend le dîner. Ou encore dans sa chambre où on est privé de sortie pour avoir mal répondu. Mais passons là-dessus. Moi, je jouais de la guitare parce que ça m'amusait. C'est comme ça qu'à 8 ou 9 ans j'étais déjà pas mauvais.

Le bonheur, c'était quand papa jouait de la guitare avec les autres, dans notre séjour. Il n'aimait pas trop la pop music. Il préférait le rock et le heavy metal. Il m'a fait découvrir des morceaux comme *Knockin' on Heaven's Door* et quelques autres chansons de Dylan, il m'a branché sur Aerosmith, Metallica et Guns N' Roses, ce qui m'a poussé à écouter – et à respecter – des légendes comme Jimi Hendrix et Eddie Van Halen. Papa m'a appris à jouer *Smoke on the Water* de Deep Purple. Je ne pourrai jamais l'oublier. Vous verriez comment on se démène là-dessus, Dan Kanter et moi.

Pour jouer du metal ou même du hard-rock ou du heavy metal des années 1980, dans le style des groupes Journey ou Twisted Sister, il faut savoir faire sonner les accords puissants, les *power chords*. Papa m'a donné de bons tuyaux pour obtenir un son puissant. Il m'a montré comment faire des accords barrés. Si vous connaissez cinq ou six accords barrés, vous pouvez jouer pratiquement n'importe quelle chanson. Cherchez les paroles sur le net, écoutez plusieurs fois le morceau et lancez-vous. Vous serez Green Day. Du moins dans votre chambre.

ROCKIN' ROBIN

J'étais Metallica et Matchbox 20 dans ma chambre, la nuit, mais à l'école, j'étais moi, c'est tout. Aucun de mes camarades ne se doutait de cette partie de ma vie. À l'instar de mes copains, je jouais au hockey, et je n'en demandais pas plus. Déjà, je n'étais pas tout à fait comme les autres à cause de mon école, Jeanne Sauvé, une école catholique où les cours étaient en français. On n'y parlait pas du tout l'anglais. L'idée était d'assimiler la langue en pratiquant des additions, des soustractions, et toutes les matières.

J'avais beaucoup de copains à l'école française, puis, vers 7 ou 8 ans, je suis entré dans une équipe de hockey sur glace avec une bande qui fréquentait un établissement anglais normal. Alors je n'allais pas me démarquer encore plus en leur révélant que j'étais un dingue de musique. Maintenant, je suis ravi de mes études, parce que pour les filles, vous voyez, c'est séduisant, un garçon qui parle français. C'est la langue de l'amour, et ce n'est pas une coïncidence ! Et puis j'adore mes fans françaises ! Très jolies !

Mes meilleurs amis étaient, et sont encore aujourd'hui, mes copains de hockey, surtout Chaz Somers et Ryan Butler. Ah ! Qu'est-ce qu'on s'est amusé ensemble !

On ne faisait pas les quatre cents coups, mais il nous arrivait de perdre la tête. Nous descendions dans le sous-sol de la maison de mes grands-parents pour, disions-nous, regarder la télé, et ça

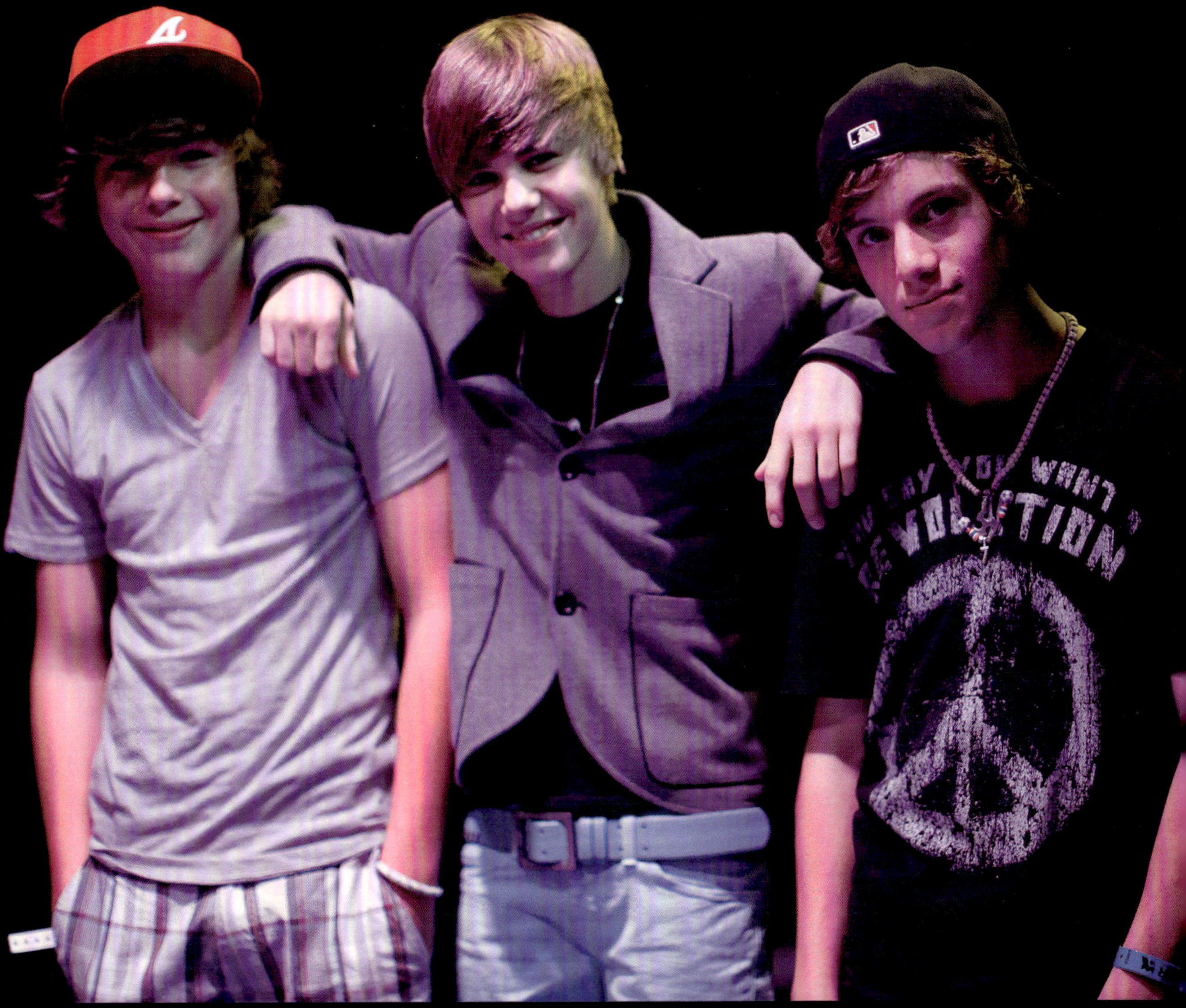

finissait par une bataille de coussins (ceux du canapé) ou un match de foot. Il nous est arrivé de nous étrangler férocement en imitant des prises de lutte. Même si ce n'était jamais très grave, il y a tout de même eu des dégâts. Deux lampes, par exemple, et, parmi les trophées de chasse de grand-papa, un renard empaillé qui avait, on ne sait comment, perdu une patte.

– Que s'est-il passé ? nous a demandé grand-papa.

On l'a tous regardé avec des yeux ronds.

– Non, non, c'est pas nous, m'sieur !

Un jour, on a fait le mur pour se balader à vélo, à deux heures du matin. Les flics nous ont arrêtés et ramenés chez nous. Maman s'est énervée, et j'ai été privé de sortie pendant quelques semaines, ce qui m'a donné le temps de travailler mes accords barrés et deux bons riffs à la guitare. J'en ai aussi profité pour apprendre de nouvelles chansons.

Le surnom de Ryan est Butsy, et comme *butt* en anglais signifie « cul », ça ne lui plaît qu'à moitié. Mais avec un nom comme Butler, c'était inévitable ! « Cul », c'est un mot qui fait rire les petits de 9 ans. En réalité, le mot « cul » fait rire tout le monde. Il y a des choses contre lesquelles vous ne pouvez rien, comme votre nom. Mais il y en a d'autres – comme raconter que vous vous installez parfois devant la glace de la salle de bains, en mimant Michael Jackson chantant *Rockin Robin'* – qu'il vaut mieux garder pour soi. Sauf que ça n'a jamais été mon truc… pas trop.

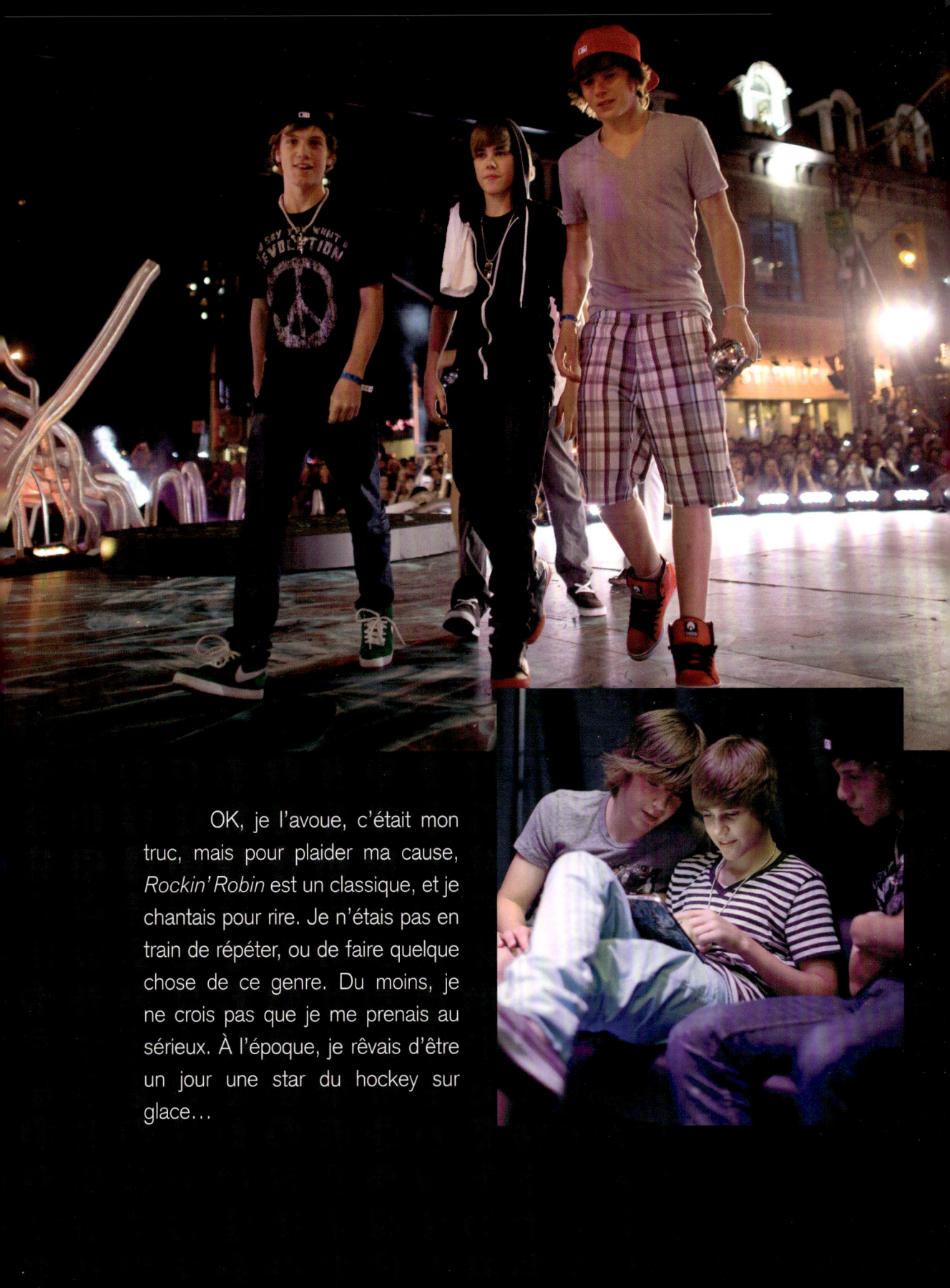

OK, je l'avoue, c'était mon truc, mais pour plaider ma cause, *Rockin' Robin* est un classique, et je chantais pour rire. Je n'étais pas en train de répéter, ou de faire quelque chose de ce genre. Du moins, je ne crois pas que je me prenais au sérieux. À l'époque, je rêvais d'être un jour une star du hockey sur glace…

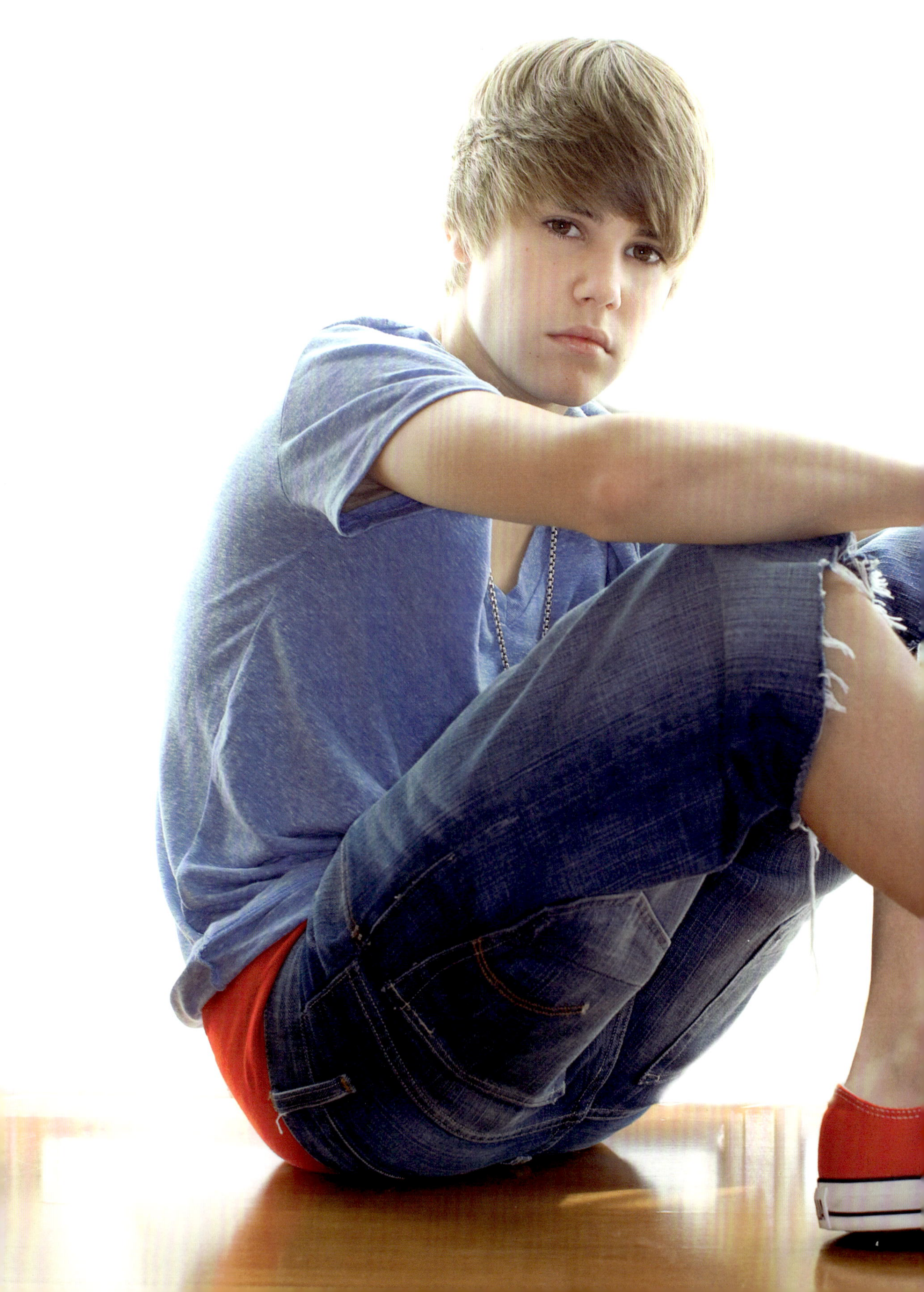

CHAPITRE 3

LA STAR DE STRATFORD

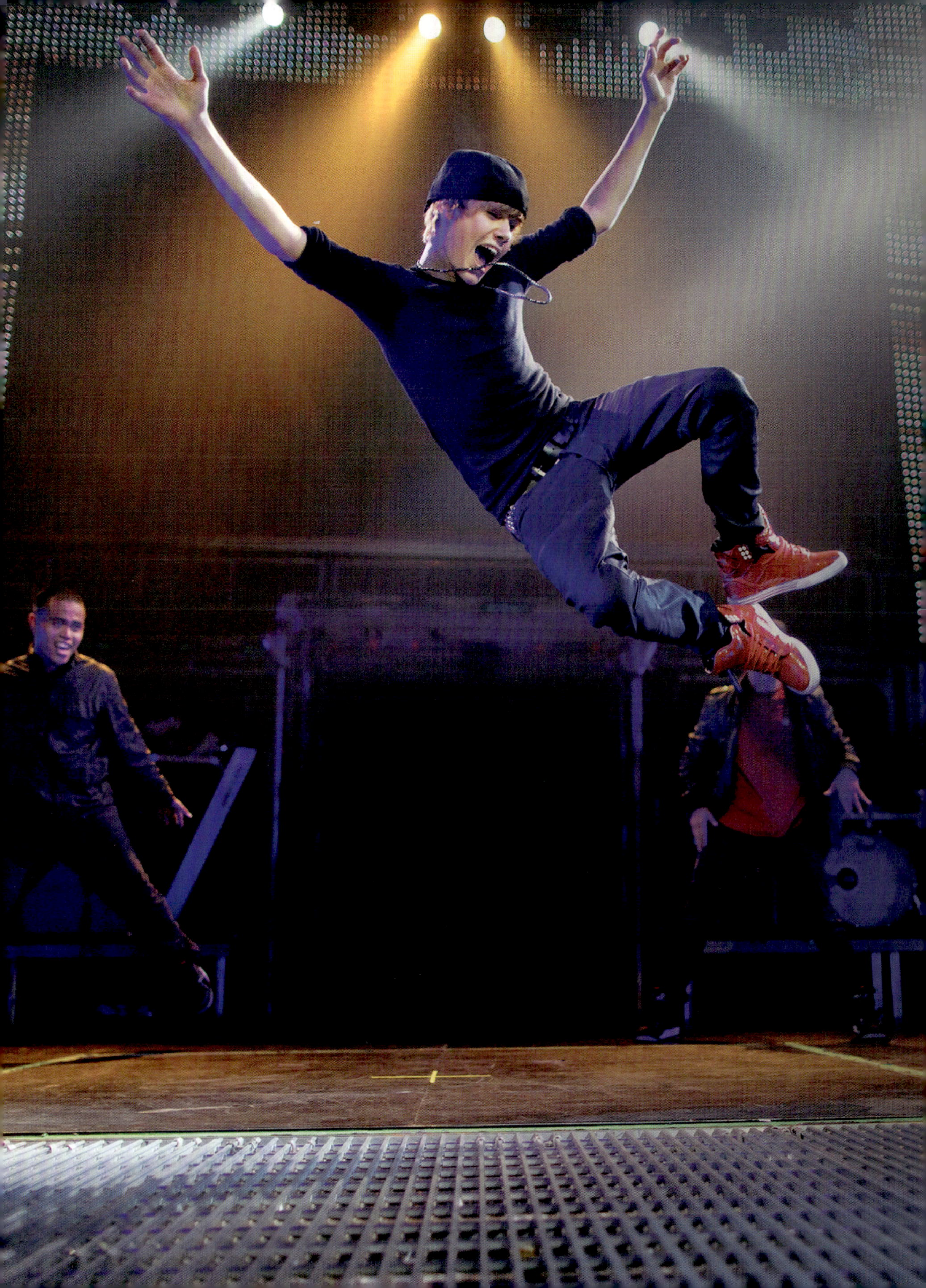

Jamaica Craft, notre génie de la chorégraphie, a démarré dans la rue. Elle n'a jamais reçu de véritables leçons de danse. Elle se contentait de danser comme elle le sentait, et cela plaisait à certains, et pas des moindres. Elle a commencé à danser professionnellement il y a une dizaine d'années. De grandes stars n'ont pas tardé à venir lui demander : « Tu ne pourrais pas m'arranger ça ? » Tout ce que Jamaica fait ressemble à de la danse. Même lorsqu'elle parle, ses ongles vert citron semblent danser. Si vous l'interrogez, elle vous répondra en haussant les épaules :

– Écoute la musique. Je te dirai quoi faire.

Le jour où j'ai rencontré Jamaica, elle s'était fracturé le pied. Elle ne savait même pas comment c'était arrivé. Sérieusement ! Elle était en train de parler avec Scooter, et bam ! Douze semaines de repos. Sur le plateau, pendant notre tournée, elle m'aide à pratiquer mes figures volantes (désolé de vous gâcher la surprise !) avec Nike et Mike, deux de mes danseurs.

– Les danseurs sont des athlètes, me rappelle Jamaica. Mais on ne se fait pas chouchouter comme les sportifs de haut niveau. Ici, pas de masseuse attitrée. Mais on peut tout aussi bien se blesser. On doit faire attention à soi… et prendre soin les uns des autres.

Nous avons répété plus de douze heures par jour. Il faut respecter pas mal de consignes de sécurité. Au cœur de la chorégraphie, je dois effectuer une pirouette, la tête à l'envers, suspendu par un harnais, à presque 10 mètres du sol.

"On doit beaucoup travailler avant de monter sur scène."

Je dois aussi enregistrer la mise en scène : il faut que je me souvienne de mes mouvements, de ma place sur le plateau à tel ou tel moment. On doit beaucoup travailler avant de monter sur scène. Mon concert dure soixante-quinze minutes : je travaille dur pour gagner en endurance, mais, à la fin du spectacle, je suis épuisé. Je cours partout. Pas un instant de répit. On répète chaque transition, pour que le public ne s'ennuie pas une seconde. Plus de 500 personnes s'acharnent, afin que le spectacle soit parfait.

La musique s'échappe des haut-parleurs. Et je m'envole, toujours plus haut, pour me trouver à environ 3 mètres au-dessous de la structure métallique où se trouvent les spots. C'est assez haut pour que je n'aie pas envie de regarder en bas. Mais il y a quelque chose qui ne va pas. Lorsque je m'apprête à faire un flip, le harnais me semble de travers.

– Hé, les gars ! Hep ! S'il vous plaît !

Mais la musique est trop forte. Personne ne m'entend.

– Les gars, quelque chose ne va pas, là !

Nick et Mike exécutent leurs propres figures, les pieds en l'air, sans un regard vers moi. Je gesticule, en espérant que quelqu'un comprendra ce que cela veut dire :

– Descendez-moi ! Maintenant !

La musique s'arrête.

– Tout va bien là-haut ? demande Jamaica.

– Non, je vais mourir. Descendez-moi !

Mon cœur bat la chamade alors que mes pieds se posent sur le sol. Ça aurait pu mal se terminer ! Maman arrive de l'autre côté de l'arène, avec un air très maternel.

— Qu'est-ce qui ne va pas ? Est-ce qu'il y a un problème avec la sécurité du harnais ?

— Il n'a rien, répond Jamaica en posant ses mains sur ma nuque. Tout va bien. C'était très solidement attaché. Tu ne serais pas tombé. C'est juste qu'un bout s'était entortillé autour du boîtier du micro, ce qui donnait l'impression qu'il était mal attaché.

Je n'ai pas envie de faire toute une histoire, mais je lui dis toutefois que j'ai besoin de faire une pause.

— On peut faire avec, me réplique-t-elle calmement en me libérant de mon harnais. Danser est supposé augmenter ton rythme cardiaque, mais là…

— Pas autant.

— Non, pas comme ça. Mais, tu n'as rien.

En quittant la scène, je murmure en moi-même :

— Et moi qui croyais que le hockey sur glace était un sport dangereux !

MY FAVORITE GIRL

Rien n'a jamais fait battre mon cœur plus fort – dans le bon sens du terme – que le hockey sur glace. Enfin… rien à part Beyoncé, mais ça, ce n'était pas avant mes 12 ans. C'est là que j'ai soudain compris que le monde est peuplé de jolies filles. Depuis, j'ai du mal à penser à autre chose.

J'ai quitté mon école française à 12 ans, pour la Northwestern, un collège public de Stratford. Chaz, Ryan et moi, nous avions changé de ligue de hockey, et grand-papa m'accompagnait en bus à chaque match. Sur place, on jouait de tout notre cœur. Sur la route du retour, on était débordants d'énergie, plus tapageurs que jamais ou, quand on avait perdu, abattus et provocateurs. Cela dégénérait parfois en bagarres.

"*Un jour, j'ai compris que le monde est peuplé de jolies filles.*"

Les joueurs s'asseyaient tous au fond du bus, les parents devant, tournant le dos à ce qui se passait derrière eux. Ce qui se passait? On discutait entre mecs. On était fascinés par les filles et un peu perturbés par la puberté, mais, surtout, troublés par la façon dont les filles changeaient. Bref, on ne savait plus trop où on en était.

J'ai l'avantage d'avoir toujours vécu dans un univers féminin. Ma mère et moi, on a toujours parlé de tout assez ouvertement, alors peut-être que j'en savais un peu plus sur les filles que la plupart des gars de mon âge. Je n'avais pas peur de leur parler, de passer du temps avec elles, de les regarder et… vous savez, de draguer – mais je savais aussi deviner le bon moment pour les aborder.

Il y en a qui, à force de vouloir paraître trop cool, vexent les filles. Moi, jamais. Ma mère m'a fait entrer à coups de marteau dans le cerveau la différence entre être sûr de soi et dépasser les bornes. J'ai autant que possible essayé de suivre les règles. Parfois, j'ai sûrement l'air prétentieux, mais j'essaie de me rattraper en restant un mec bien. La clé du succès avec le sexe opposé, c'est de ne pas se comporter comme un idiot. Vous n'avez pas besoin de déployer beaucoup d'efforts en prétendant vous soucier des sentiments de la fille, il suffit de l'écouter – en fait, cela ne vaut pas que pour les filles, mais pour tout le monde en général.

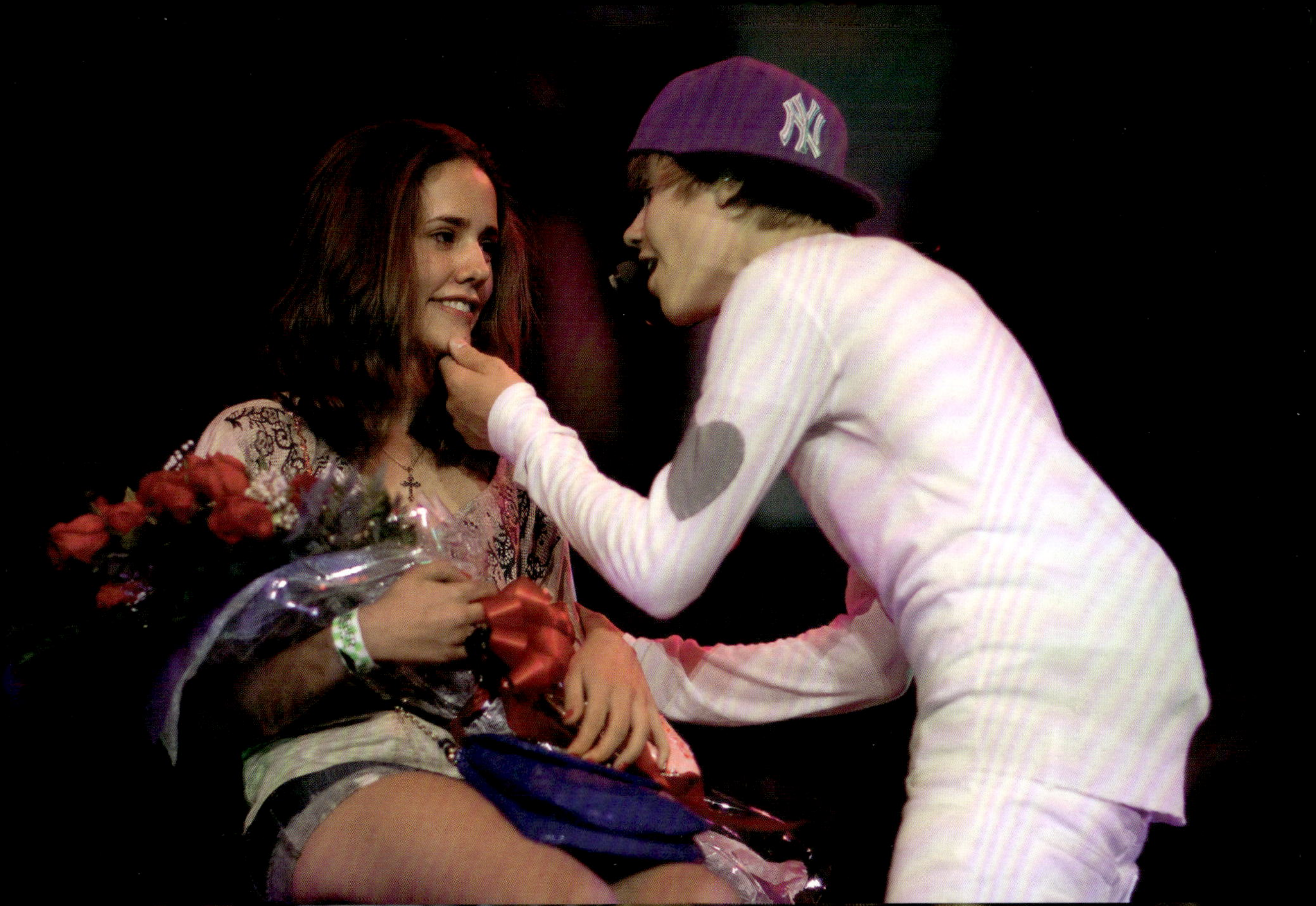

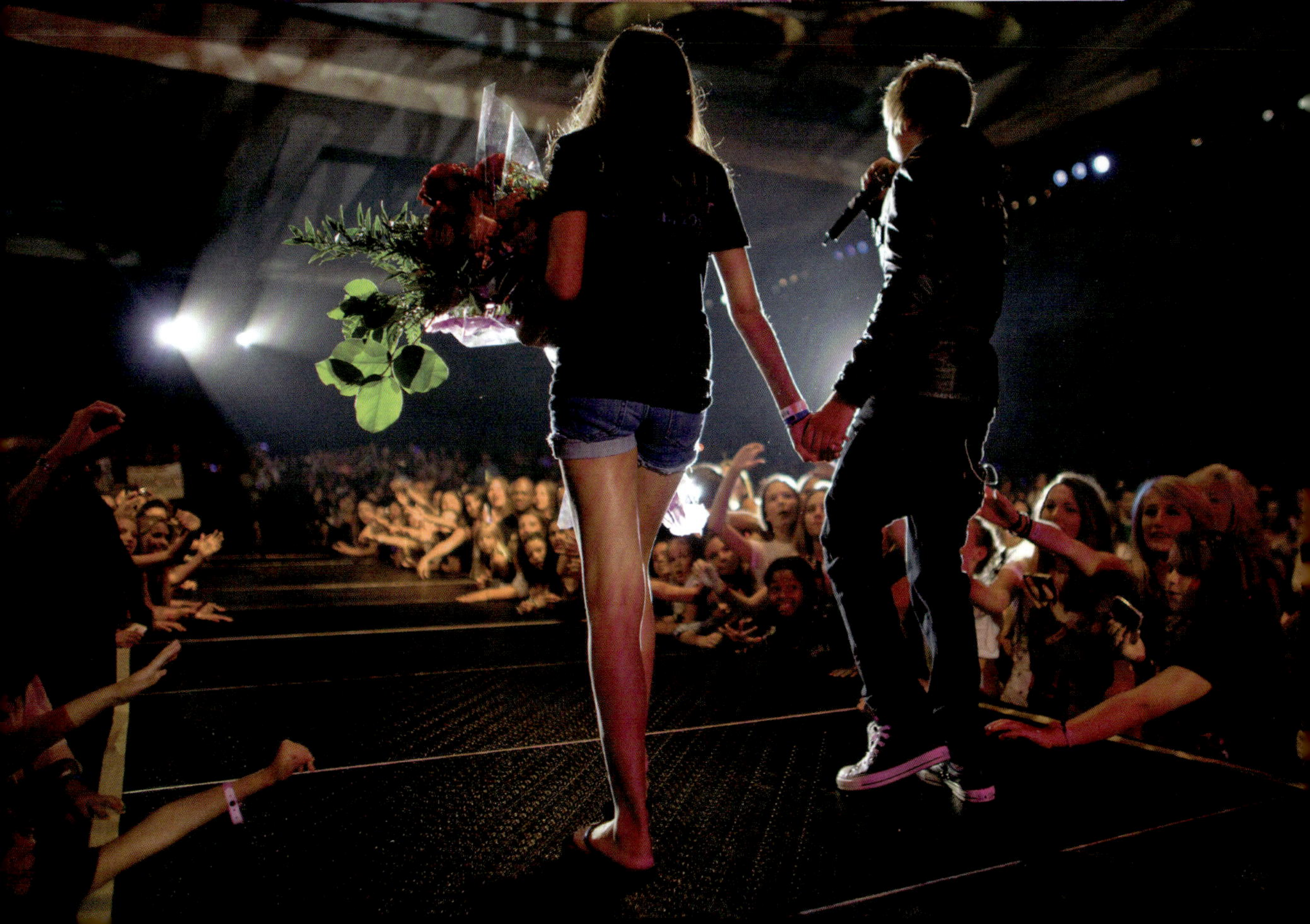

"La clé du succès avec le sexe opposé, c'est de ne pas se comporter comme un idiot."

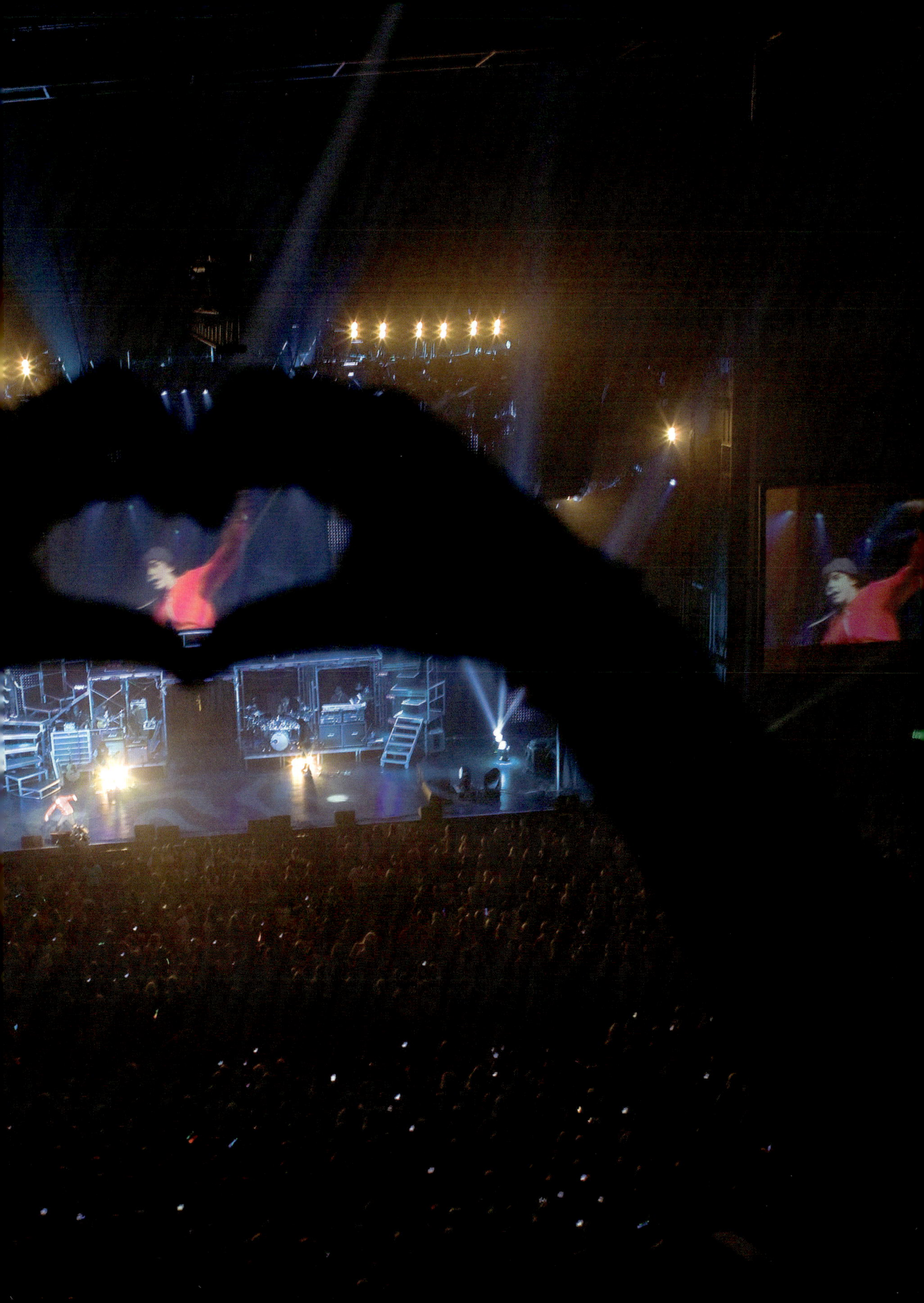

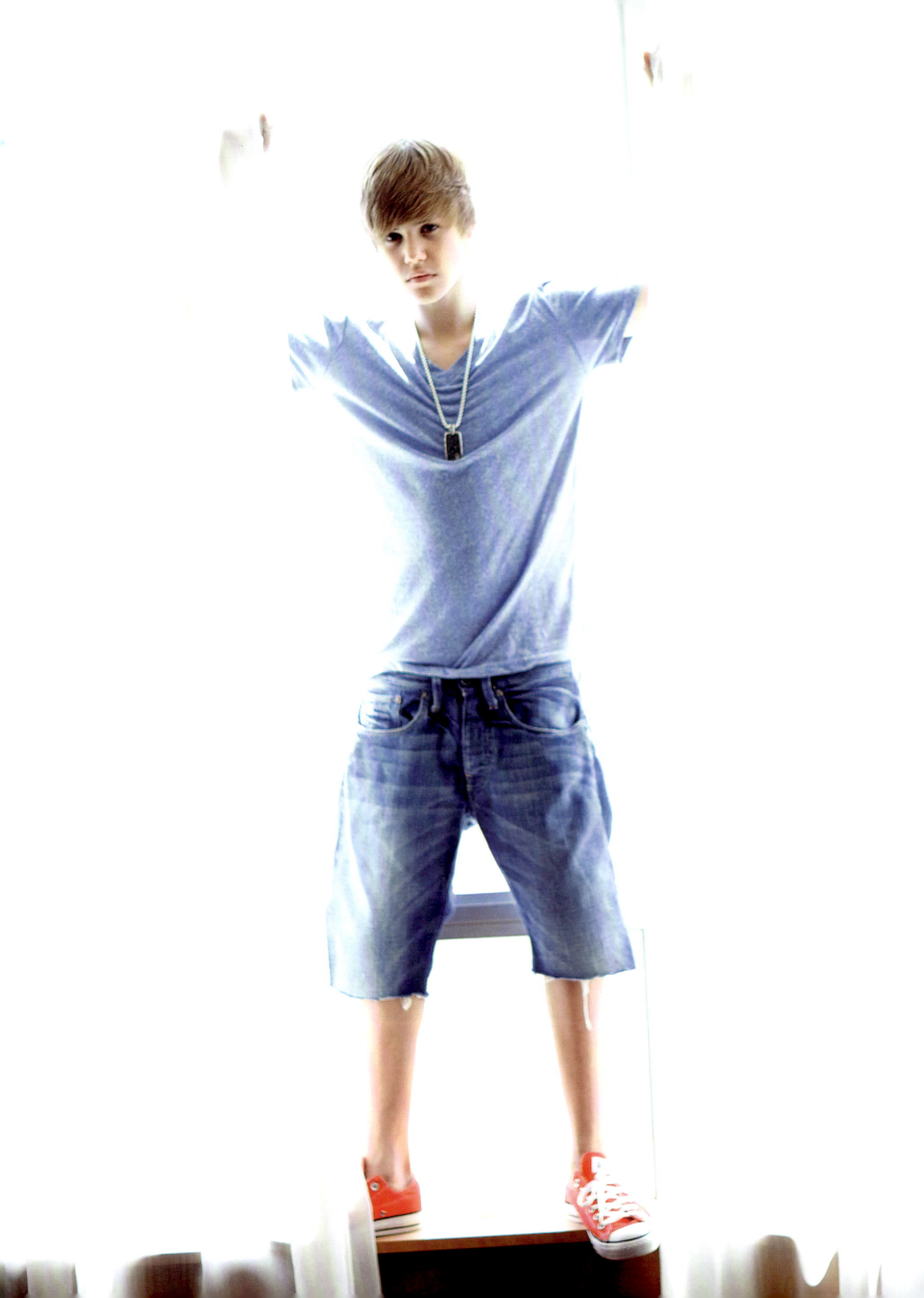

Le clip de la chanson *One Less Lonely Girl* fut très amusant à tourner, parce que la fille qu'ils avaient engagée était superbe. Voilà l'histoire : une fille laisse tomber quelque chose dans une laverie – calmez-vous, c'est juste une écharpe –, et je lui organise une chasse au trésor pour la récupérer. Quelqu'un a dit que c'était « l'équivalent musical d'un film à l'eau de rose ». Je n'ai pas tout de suite compris que c'était insultant. J'ai lu des critiques à propos de la scène où je me trouve avec les chiots, et je me suis dit : « Quoi ? Qui n'aime pas les petits chiens ? Est-ce qu'un mec qui fait semblant de ne pas aimer les chiots va plaire davantage aux filles ? » J'ai aussi entendu dire que les paroles étaient mièvres.

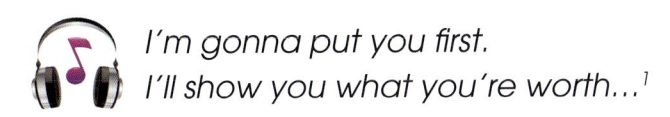

> *I'm gonna put you first.*
> *I'll show you what you're worth...*[1]

Je suis ouvert à toute suggestion, peut-être :

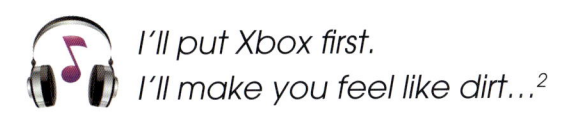

> *I'll put Xbox first.*
> *I'll make you feel like dirt...*[2]

Oui, c'est très clair : ce qui fait craquer les filles, c'est un mec qui déteste les chiots et qui n'en a rien à faire de ce qu'elles ressentent. Peut-être qu'en suivant ce programme j'arriverai un jour à avoir du succès auprès des femmes. Non, attendez, je ne suis pas un vieillard grincheux.

Continuons...

---
1. Tu passeras avant tout./Je vais te montrer que tu vaux le coup...
2. Ma Xbox passe avant tout./Je vais te traîner dans la boue...

"J'étais plus rapide et je jouais intelligemment."

UN BRILLANT AVENIR

Quand j'étais au collège, la plupart des filles de ma classe étaient plus grandes que moi. Ce que je ne voulais surtout pas, c'était leur donner une autre raison de ne pas sortir avec moi. Alors je me suis dit qu'il fallait que je fasse bonne impression. Et que je mette ma passion pour la musique de côté, pour m'investir dans quelque chose qui paraissait plus cool : le sport.

Les garçons ne font pas autant de drames que les filles. Mais, quand cela arrive, gare à la bagarre ! Certains ont besoin de se sentir importants et s'en prennent à plus petit qu'eux. Malheureusement pour ceux-là, mon père est un ancien catcheur professionnel et, autrefois, il m'emmenait à ses séances d'entraînement. J'ai vite acquis la réputation d'un garçon qu'il ne faut pas embêter. J'ai appris dès mon plus jeune âge que, même si j'étais plutôt petit, je ne devais pas me laisser faire. Je n'avais rien à prouver à ces gars-là, tout comme aujourd'hui je n'ai rien à prouver à ceux qui détestent ma musique. Je ne suis pas bagarreur de nature, mais je suis capable de me battre pour une chose à laquelle je tiens. Si quelqu'un dit du mal de ma mère ou de mes amis, je n'hésite pas à lui dire que ce n'est pas cool. Si quelqu'un me bouscule, je réagis.

Un jour, une bagarre a été organisée en dehors de l'école. Je ne me souviens pas de quoi il s'agissait ni comment je me suis retrouvé là, mais il y avait pas mal de monde, et certains ont pris des photos et filmé la scène. Quelqu'un a posté la vidéo sur YouTube. Ils n'ont pas pensé une minute que les profs risquaient de la voir. C'est ça le problème avec YouTube, on ne sait jamais qui regarde. Ce peut être une bonne chose ou une mauvaise chose, cela dépend.

Personne n'a été gravement blessé, mais il y a eu pas mal d'égratignures et de bleus, et, sur la vidéo, on aurait dit un remake de *Mortal Kombat*. On a tous pensé que c'était plutôt cool, jusqu'à ce que l'école ait vent de l'affaire. Des blâmes ont été distribués. Personne ne pouvait nier sa participation, étant donné qu'on avait été saisis dans le feu de l'action par la caméra. Ce fut une bonne leçon : qu'elle vous serve à tous !

Les Canadiens ont plutôt le sang chaud, mais ça n'a jamais été mon truc. Mon père m'a toujours dit qu'il s'était assez battu dans sa vie pour nous deux. Je préfère me servir de mes talents pour le basket ou le hockey. J'étais plus petit que la plupart des joueurs de ma ligue de hockey et je n'étais certainement pas parmi les premiers au basket, mais j'étais plus rapide et je jouais intelligemment. Je tournais autour d'eux sur la glace ou je saisissais la balle par en dessous.

Lorsqu'il se passait à l'école quelque chose de pas très agréable, j'essayais toujours de ne pas m'en mêler. Je me mettais déjà assez dans le pétrin tout seul. Rien de très grave. Des pitreries. Dehors, je faisais le malin sur mon skateboard, je jouais avec un ballon de foot, ou je rigolais avec Chaz et Ryan, et ce n'était pas toujours évident d'arrêter lorsque j'entrais dans l'école. J'avais de l'énergie à revendre. Si je me faisais gronder à l'école, c'était parce que je riais, ou que je faisais rire quelqu'un d'autre, ou bien encore que je dansais dans les couloirs, tapais des mains en rythme sur ma table ou faisais du bruit à la bibliothèque. En réalité, c'était parce que j'étais tout simplement moi-même. Je ne trouvais pas ça très juste.

"Fais de ton mieux avec ce que tu as."

Un jour, j'ai été envoyé chez le proviseur pour avoir fait l'imbécile. Je me suis dirigé vers le bureau, mais quand je suis arrivé devant la porte, j'ai continué à marcher. Bye-bye ! Je suis sorti et je suis allé à l'autre bout de la ville, chez mes grands-parents, pensant que j'y trouverais un peu de compassion. Mais non. Grand-papa fut non seulement très étonné, mais aussi mécontent de me voir assis dans le salon, les pieds en l'air, devant la télévision.

"Je suis capable de me battre pour une chose à laquelle je tiens."

Il m'a jeté dans sa voiture et m'a reconduit à l'école, où j'ai dû affronter le proviseur. Ce dernier me demanda où j'étais passé pendant cette dernière heure et demie, alors que j'aurais dû être dans son bureau. Lorsque maman est rentrée, après le travail, l'école lui a téléphoné. Elle a pris le temps pour penser à tout ce qu'elle allait me dire. Encore une fois, je me retrouvais puni. Je suis donc resté dans ma chambre, à travailler mes accords barrés, pendant deux semaines supplémentaires.

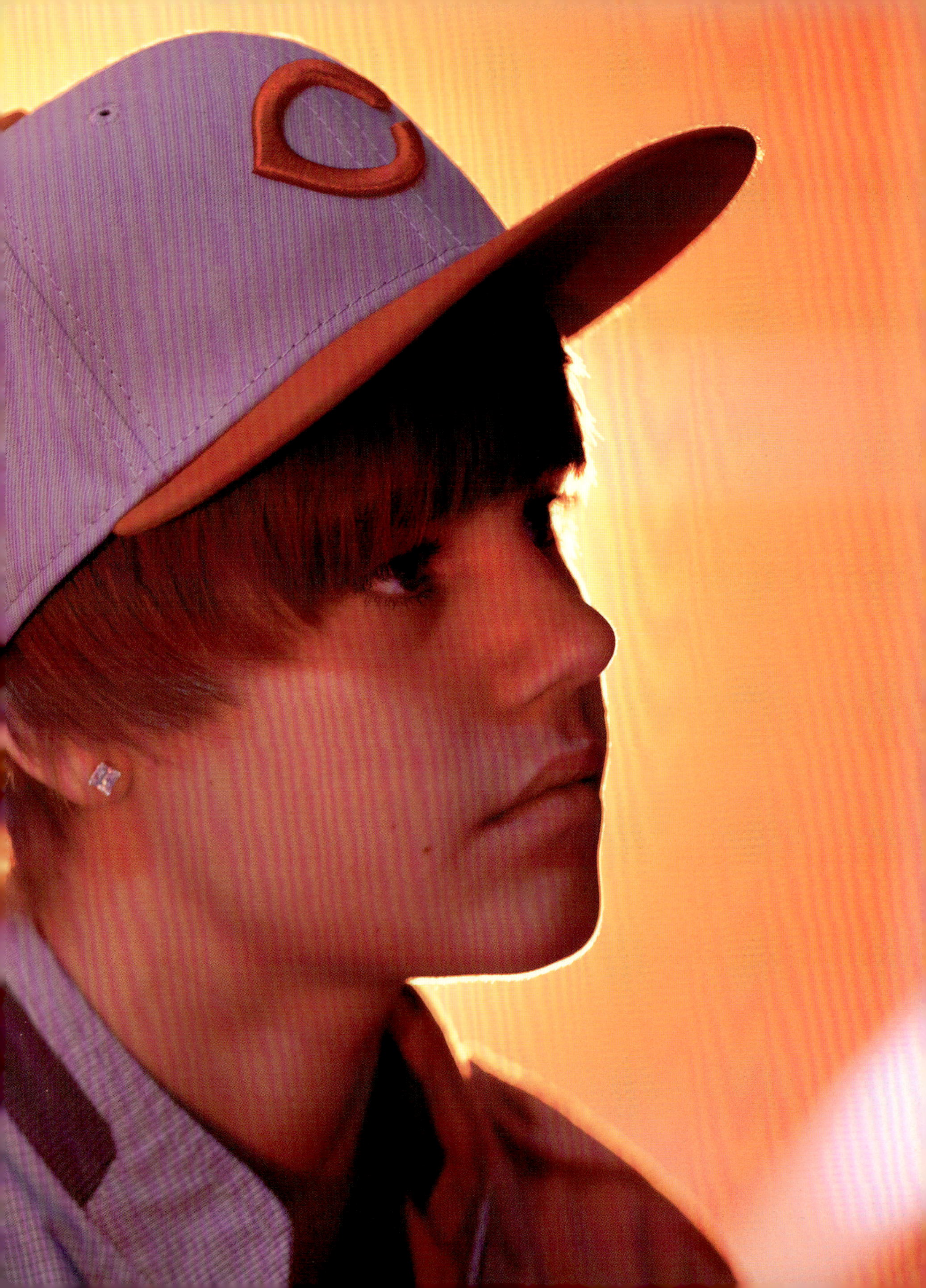

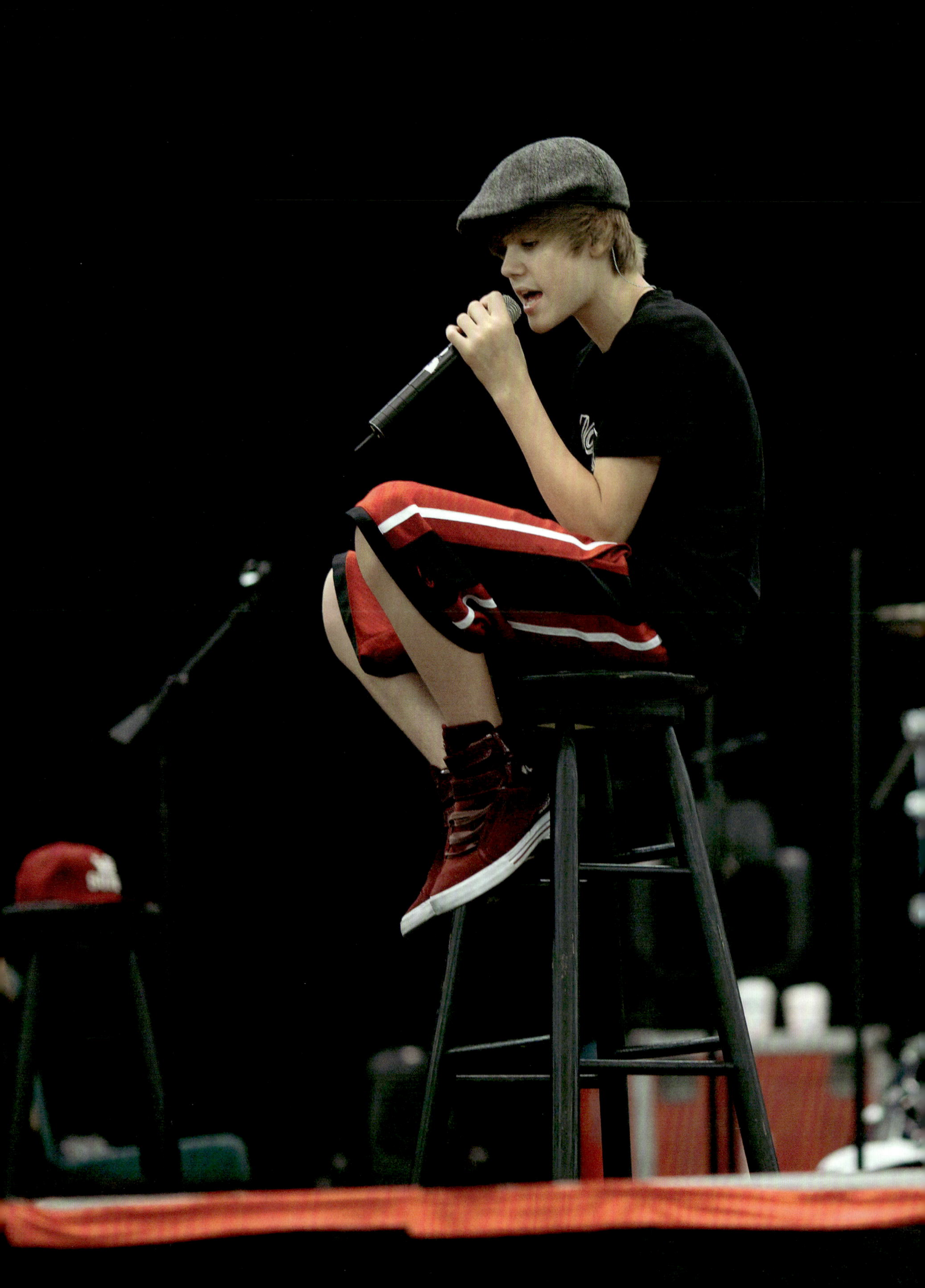

BIEN JOUÉ, MON GARS !

Dans ma famille, on ne me laisse rien passer si j'ai tort, mais tout le monde est de mon côté si je fais quelque chose de bien. Je ne me rappelle pas avoir joué un seul match de basket sans qu'il y eût une personne qui m'aime dans les gradins. Mes souvenirs de hockey sur glace, en qualité de joueur ou de spectateur, sont tous liés à l'image de mon grand-père, avec qui je partage cette passion. Ma famille et mes meilleurs amis ayant toujours été là pour moi, je savais qu'il y aurait quelques visages familiers dans le public, lorsque je me suis inscrit à un concours de jeunes talents, au Stratford Youth Center, en 2007.

Les quelques personnes qui m'avaient entendu jouer me répétaient : « Tu as vraiment du talent, mec ! Tu devrais t'inscrire à "American Idol[1]". » Mais, pour ça, je devais avoir 16 ans. Pour un gamin de 12 ans, cela paraissait à des années-lumière : alors je n'y avais jamais vraiment pensé. Le concours de Stratford Star était basé sur le même concept, à une plus petite échelle, puisqu'il s'adressait à des enfants de 12 à 18 ans, avec des éliminatoires. On payait 2 dollars à l'entrée. À la place du jury de la télé, on comptait parmi les juges des personnes de la région qui s'occupaient de la scène musicale locale ou de la chorale de

---

1. L'équivalent de la « Nouvelle Star » aux États-Unis.

> "Je n'avais pas le trac… Ma mère était plus nerveuse que moi, je crois."

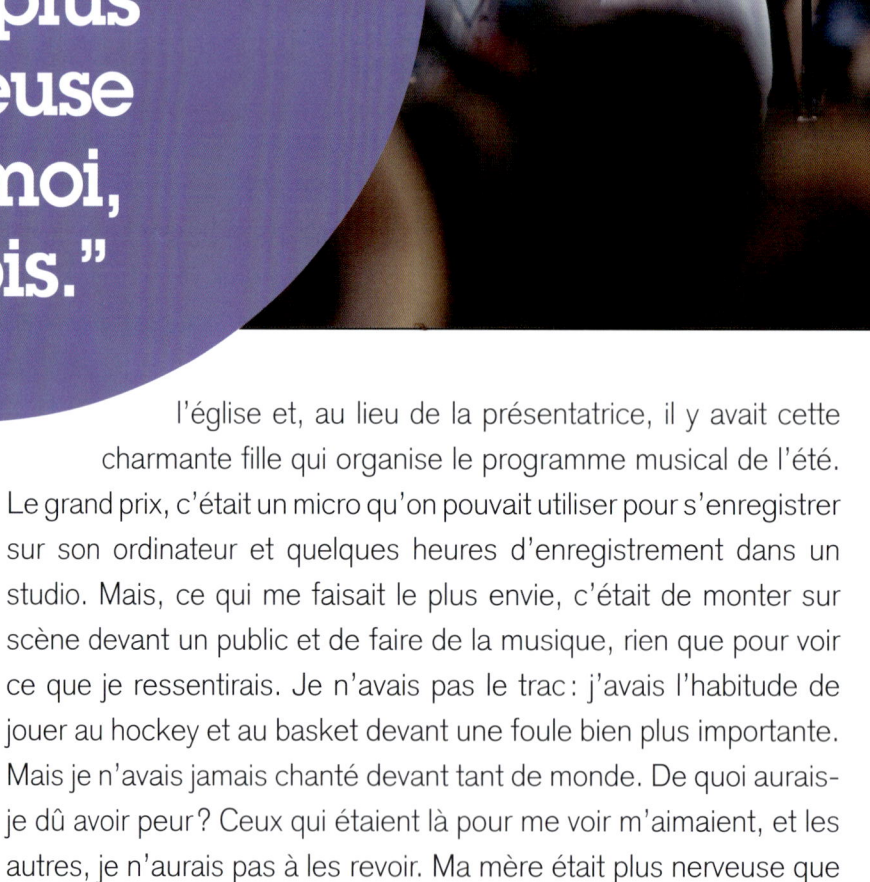

l'église et, au lieu de la présentatrice, il y avait cette charmante fille qui organise le programme musical de l'été. Le grand prix, c'était un micro qu'on pouvait utiliser pour s'enregistrer sur son ordinateur et quelques heures d'enregistrement dans un studio. Mais, ce qui me faisait le plus envie, c'était de monter sur scène devant un public et de faire de la musique, rien que pour voir ce que je ressentirais. Je n'avais pas le trac : j'avais l'habitude de jouer au hockey et au basket devant une foule bien plus importante. Mais je n'avais jamais chanté devant tant de monde. De quoi aurais-je dû avoir peur ? Ceux qui étaient là pour me voir m'aimaient, et les autres, je n'aurais pas à les revoir. Ma mère était plus nerveuse que moi, je crois. Elle m'a aidé à choisir ma tenue et à vérifier si j'avais bien la musique de fond et tout le reste.

Lors de la première audition, je portais un sweat marron, trop grand pour moi, et un jean. J'ai interprété *3 AM*, de Matchbox 20. La fille m'a présenté. Quelques applaudissements timides dans la salle. « Salut tout le monde ! » ai-je lancé, en espérant des applaudissements plus forts. Maman et grand-papa étaient bien là pour moi, affichant de grands sourires, tapant dans leurs mains, mais la majorité du public avait l'air de s'ennuyer.

Bon. J'ai donc commencé à chanter.

La salle s'est un peu réveillée. J'ai vu des hochement de têtes, comme si le public pensait : « Il est pas mal, celui-là. » Ils étaient plutôt surpris, à la fin, que le gamin, dans sa tenue trop grande, eût en réalité un certain talent de chanteur, et les applaudissements se firent un peu plus enthousiastes. C'était la première fois et c'était grisant. J'avais franchi la première étape.

Pour le deuxième concert, j'ai fait plus d'efforts vestimentaires. Maman m'a repassé une belle chemise bleue et m'a aidé à faire le nœud de ma cravate bleue, qui était bien trop grande pour moi. J'ai choisi de chanter *Fallin* d'Alicia Keys – que je chantais régulièrement sous la douche. Quand je suis monté sur scène, le public se souvenait de ma performance de la semaine précédente. Il était encore plus étonné de me voir et m'a applaudi chaleureusement. C'était une sensation incroyable… je me sentais si bien… plus que bien…

Pour la troisième étape de la sélection, j'ai pensé qu'il valait mieux que je sois moi-même, et je suis arrivé avec mes vêtements de tous les jours et une casquette. Cette fois, j'interprétai *Respect* d'Aretha Franklin. Cette fois, le public savait qui j'étais. La présentatrice a annoncé : « Et maintenant, un peu de respect pour Justin Bieber. » Des hurlements enthousiastes ont jailli du fond de la salle. Un groupe de filles. De très jolies filles. Hurlantes. Pour moi !

J'ai donc chanté, du haut de mes 12 ans, en pensant que c'était sûrement le meilleur moment de ma vie, mieux que le hockey, mieux que *Star Wars*, mieux que la dinde farcie de grand-maman. Quelques personnes au premier rang avaient l'air d'être assises sur des cactus, mais les filles au fond étaient vraiment dedans : elles tapaient dans leurs mains et bougeaient en rythme. Je me remplissais de toute cette énergie, je me sentais plein de joie, et, lors du pont instrumental, j'ai fait semblant de jouer du saxophone.

J'étais tellement dans le jeu que j'en ai lâché mon micro : il a fait un gros « pouf » en tombant sur la scène – mais je l'ai récupéré à temps pour le couplet suivant.

J'ai terminé sur un blues enragé – j'espère qu'Aretha en aurait été fière. Il y a eu une grande vague d'applaudissements et un autre cri provenant du groupe de filles ; alors j'ai agité mon poing à la Michael Jordan. Les candidats plus âgés prenaient des leçons de chant depuis des années et ils étaient très doués ; mais waouh ! Les filles criaient pour moi !

Je suis allé jusqu'au bout de la compétition, alors que j'étais parmi les plus jeunes participants et que les autres finalistes étaient tous plus âgés que moi. Le soir de la finale, après que tout le monde fut passé, les juges ont appelé les trois finalistes. D'abord, une très jolie blonde toute en longueur, qui était très bien entraînée vocalement et qui chantait merveilleusement bien, puis une brune encore plus grande et qui chantait encore mieux, et puis... moi. Le gamin de 12 ans, en baggy. Entouré de jolies filles, perdant ou gagnant, je n'allais pas me plaindre. J'étais très satisfait de ma performance, mais je ne pensais pas être le meilleur pour autant. Seulement, j'avais vraiment une très grande envie de gagner. J'ai mis mes pouces dans mes poches, en essayant d'avoir l'air de dire : « Tout

> "Je me suis mis à chanter de tout mon cœur."

"Entouré de jolies filles, perdant ou gagnant, je n'allais pas me plaindre."

> **justinbieber** Tous les jours, j'entends que certains d'entre vous se sont rencontrés à travers ça. La musique rassemble et c'est ce dont je suis fier...
>
> 7:17 PM 17 juin via web

va bien, c'est cool. Peu importe. » Mais, dans ma tête, je suppliais la juge de prononcer mon nom.

– Je dois vous dire, vous êtes tous gagnants, annonça-t-elle.

Oui. Super. Maintenant, mon nom !

– Cela exige du courage de monter sur scène comme ça. La musique, c'est important ; alors, surtout, continuez à chanter.

OK. J'ai compris. Allez, dites mon nom ! S'il vous plaît, s'il vous plaît... dites...

– Et la star de Stratford, cette année, est...

Et c'était le nom de quelqu'un d'autre.

Le public s'est mis à s'agiter, à crier, à applaudir. Un morceau de mon cœur s'est échappé et est allé se nicher sous le piano. J'étais arrivé en troisième position sur... combien était-on déjà ? Ah oui ! Trois... La seule personne qu'ils ont mentionnée était la gagnante et, pendant un long moment, j'ai cru que j'arriverais deuxième. Mais non. Après la sortie de mon premier disque, une des personnes faisant partie de l'organisation du concours a déclaré à un reporter

> "Dans la vie, tout est toujours une surprise."

que j'étais arrivé troisième. Elle disait :
– Il avait vraiment de quoi gagner et il avait du charisme. Seulement, il n'avait pas l'expérience. On s'est dit : « Donnons-lui deux ans et des cours de chant. »

Évidemment, je suis content de la manière dont les choses ont tourné par la suite, mais, sur le moment, cela m'a vraiment fait mal. Je ne comprenais pas. Je m'étais senti si bien et puis j'avais perdu ? Je mentirais si je vous disais que je m'en fichais. Si vous n'avez pas le désir de gagner, à quoi bon entrer dans la compétition ? Cela peut paraître un peu difficile à comprendre, mais j'aime la compétition et, parfois, je suis très dur avec moi-même. Ceux qui font partie de ma tournée trouvent que je suis perfectionniste. J'étais assez grand pour savoir qu'on doit toujours avoir l'air aimable, qu'on soit gagnant ou perdant. J'ai applaudi, j'avais le sourire aux lèvres. J'ai serré la main de la gagnante. Remercié les juges. Maman, grand-papa et grand-maman étaient fiers de moi. C'est une des choses que l'on apprend quand on fait du sport. On veut gagner. On joue du mieux que l'on peut. Si tout marche bien, génial ! Gagner donne des ailes. Si on perd, ce n'est pas la joie, mais il faut apprendre à ravaler sa fierté et à quitter la scène en tapant dans la main des joueurs de l'équipe adverse en disant : « Bien joué, bien joué… »

Donc, je dis à celles qui m'ont battu à ce concours de Stratford Star : « Bien joué, les filles ! »

Alors qu'on préparait la tournée, Dan Kanter a déclaré :

– Je vois un morceau aérien. L'introduction, le couplet, le refrain… Et puis, je vois un spectacle aérien. La playlist, le point culminant d'un solo de guitare. Écrire une playlist, c'est tout un art. Avant d'aller à un concert, je ne me renseigne jamais. Je veux y entrer, je veux que tout soit une surprise. C'est dommage qu'avec YouTube les fans en sachent déjà trop à l'avance. Ils vont tout de même trouver ça génial – et c'est super –, mais j'aimerais que cela puisse être une surprise.

En revanche, sur la scène, on ne veut pas de surprises. On veut que tout se passe parfaitement, comme on l'a prévu. Dans la vie, tout est toujours une surprise. Et c'est ce qui rend nos vies intéressantes, même si ce n'est pas toujours positif. Peut-être que, en restant détendus face à toutes les choses qui peuvent nous arriver, il arrive un moment où tout prend sens et où même les mauvais moments du passé nous apparaissent comme positifs.

Maman, grand-papa et grand-maman m'ont emmené manger une glace chez Scooper's Ice Cream, après ma défaite au concours de Stratford Star. Grand-papa m'a dit :

– Tu peux perdre comme un loser. Ou bien tu peux prendre cette expérience en tant que telle, et elle te permettra d'avancer.

– On est fiers de toi, m'a dit grand-maman. Et, souviens-toi, tu as fait ça pour le fun. Tu t'es bien amusé, non ?

J'ai répondu : « Oui ! » Il fallait bien l'admettre. Je m'étais beaucoup amusé. En réalité, j'avais fait une expérience fantastique, et j'étais totalement prêt à recommencer. Quel que fût le type de compétition. Peut-être un jour me présenterai-je à « American Idol ». Disons dans… mille ans… Quand j'aurai mon permis de conduire. Et probablement de la barbe, comme Nathan, le Roi Lion…

– En plus, tu es invité à chanter pour le gala contre l'autisme, m'a précisé maman. Tu es content ?

– Oui, un peu. Je le serai quand le jour J arrivera, ai-je dit en essayant de garder un ton positif.

Maman m'a pris dans ses bras.

– Tu étais super, Justin. J'aurais aimé que tout le monde soit là – toute la famille et tous nos amis de la paroisse. Mais j'ai pris de bonnes vidéos. Je vais les mettre sur YouTube, pour que tout le monde voie à quel point tu as été brillant.

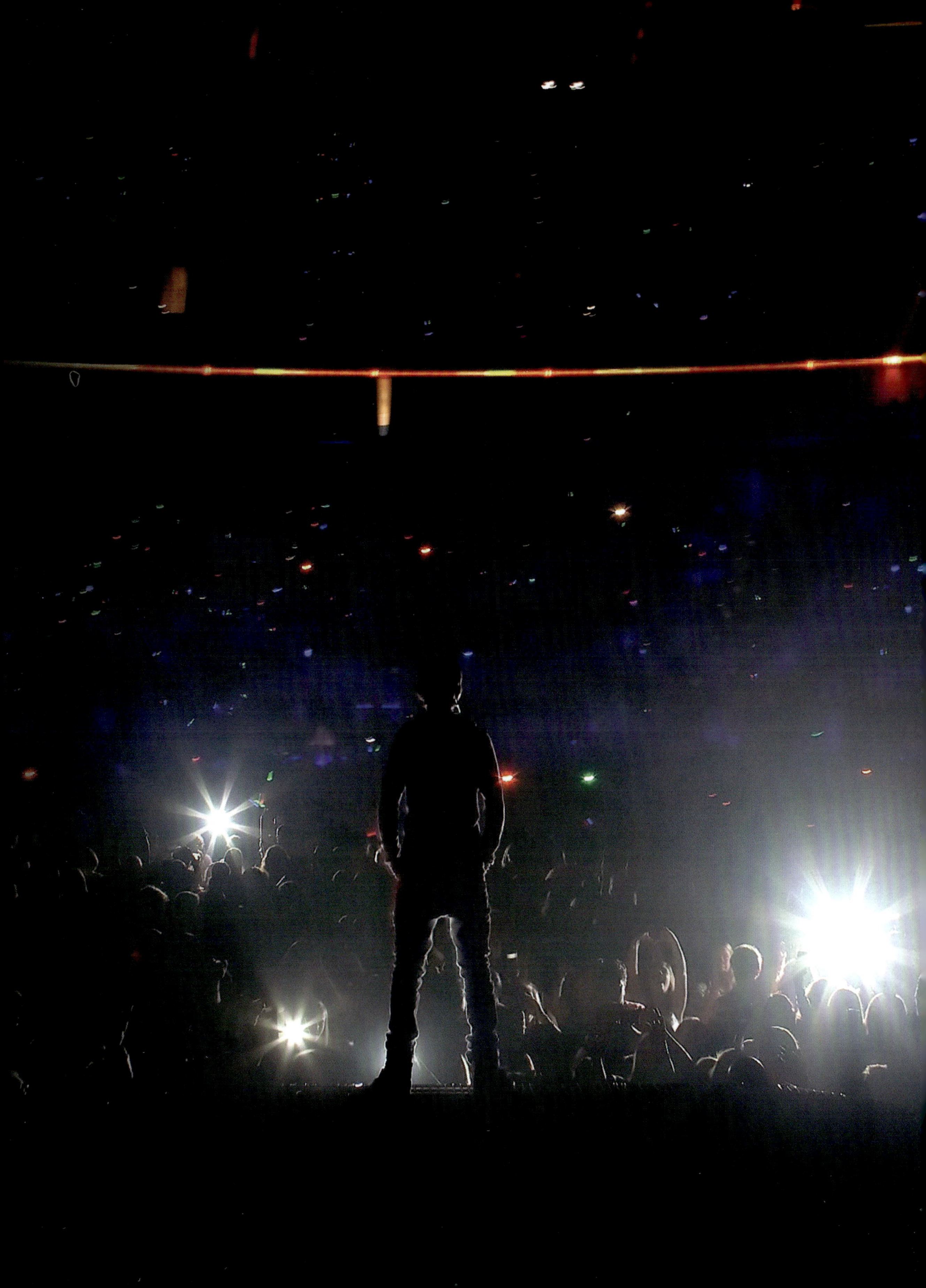

CHAPITRE 4

YouTube : MON PREMIER MILLION

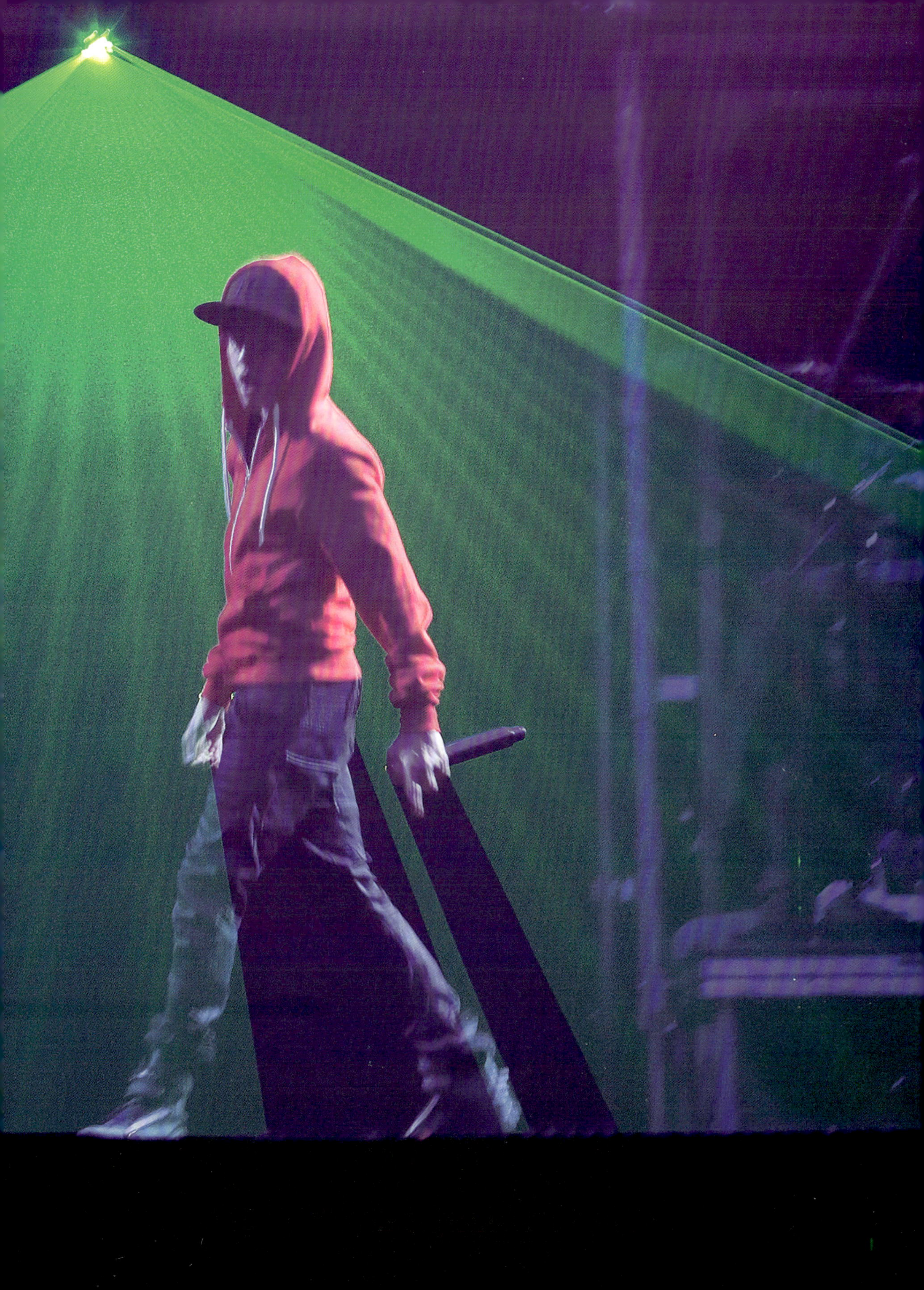

Sous la scène, c'est comme une ville entière de poutres en acier, de câbles, de roulantes et de rideaux de toile. Une portion du parquet s'abaisse, tandis que s'élève un ascenseur, sur lequel je me tiens debout, afin de me ménager une entrée spectaculaire. Des deux côtés, des rampes nous permettent, à mes danseurs et moi, de sortir très rapidement. Ces rampes mènent à une petite allée fermée par un rideau et éclairée par des projecteurs au sol, qui donnent une lumière diffuse. Après la pause du déjeuner et une petite partie de ping-pong avec les techniciens, ça repart pour la répétition. Nous avons passé la matinée à mettre au point les derniers détails techniques. Cette fois, il faut que ça roule ! On répète le spectacle de A à Z, sans prendre le temps de souffler.

Ryan Good, mon styliste et mon pote de tournée, s'assure que tout va bien. Dès que je sors de scène, il m'aide à enfiler le costume suivant. C'est rock'n roll ! Je ne suis pas le seul à me débattre avec mes vêtements : il y a aussi tous mes danseurs. Quand on enlève nos tee-shirts trempés de sueur et nos baskets, ça pue comme dans les vestiaires d'un club de sport. Vous savez de quoi je parle, hein, les gars ?

En plus de ces changements de costume éclair, il ne faut pas faire d'erreur sur le timing entre les chansons. Je dois adapter ce que je dis au public aux effets vidéo, je dois donc improviser d'un spectacle à l'autre. Si bien que, pendant la répétition, je raconte ce qui me passe par la tête : je fais le clown et je taquine les gens.

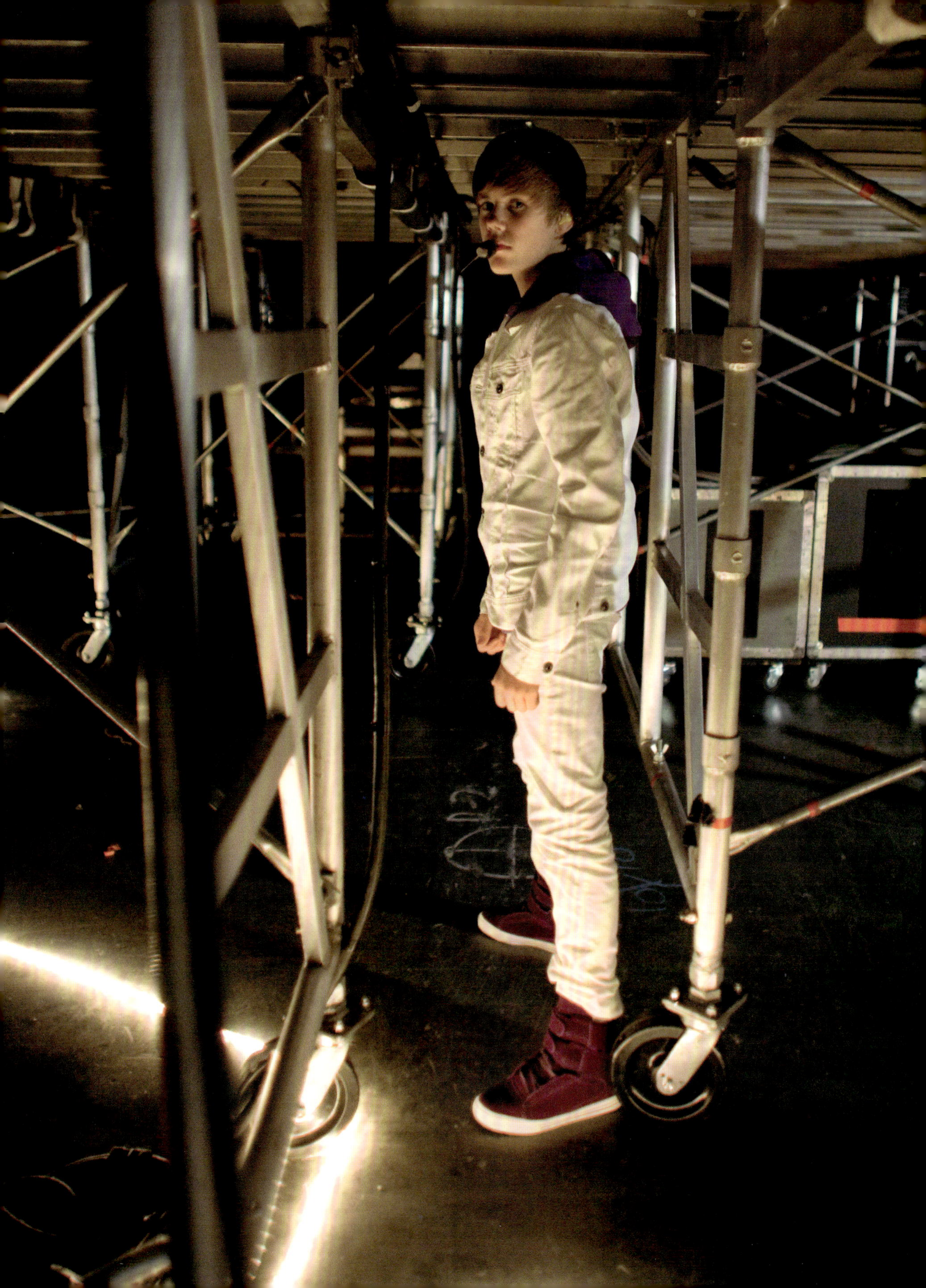

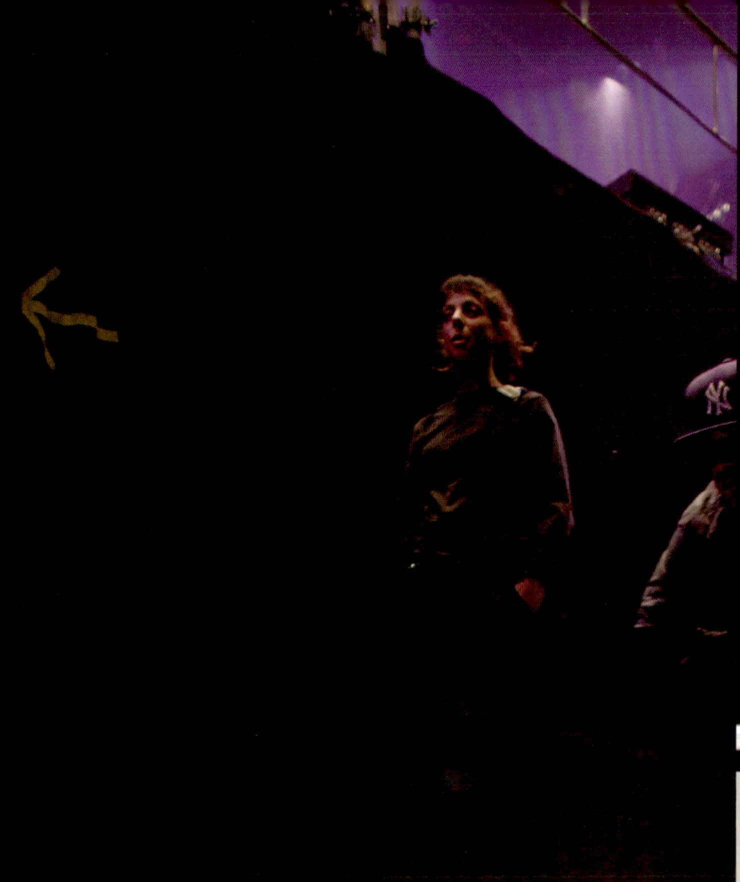
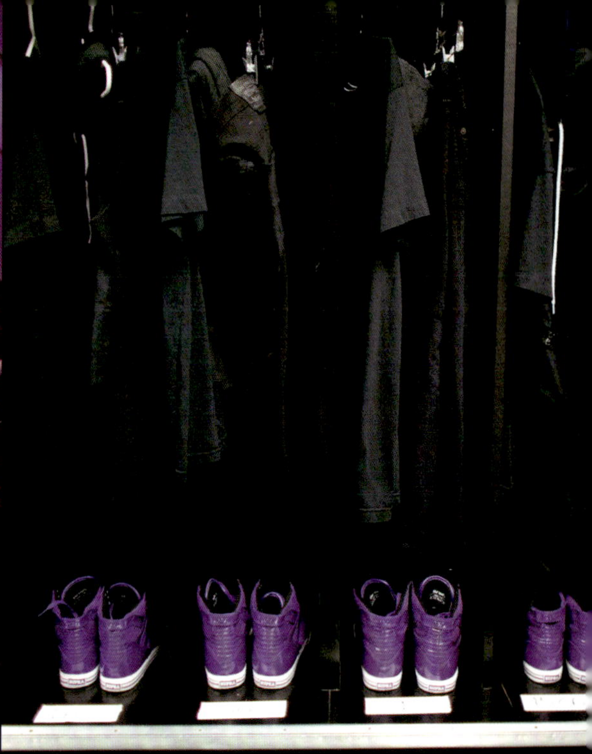
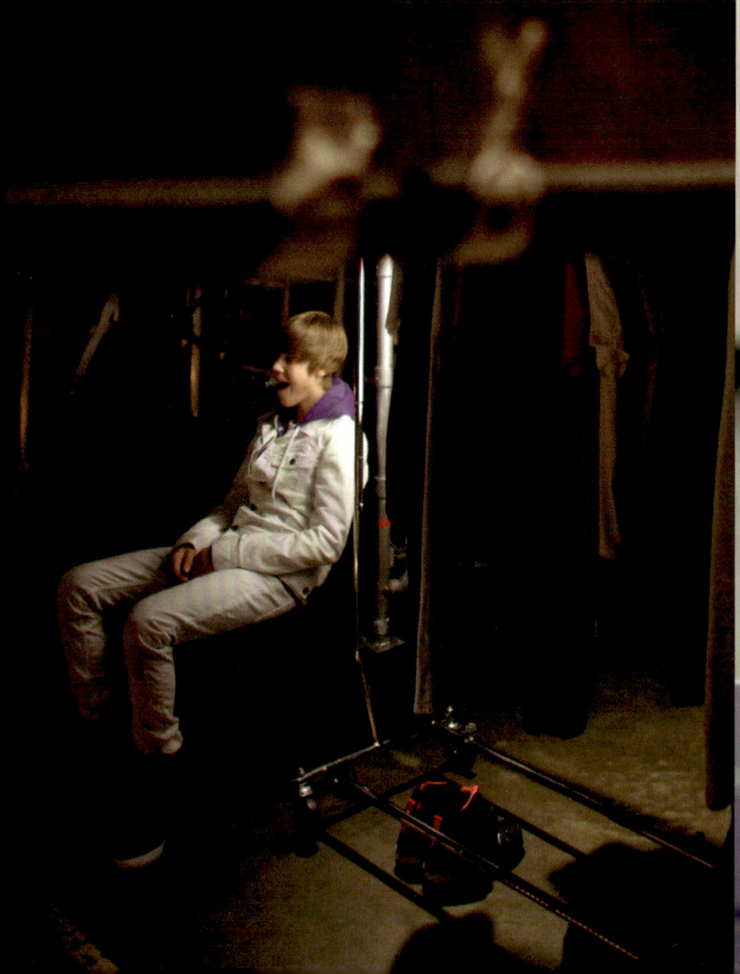
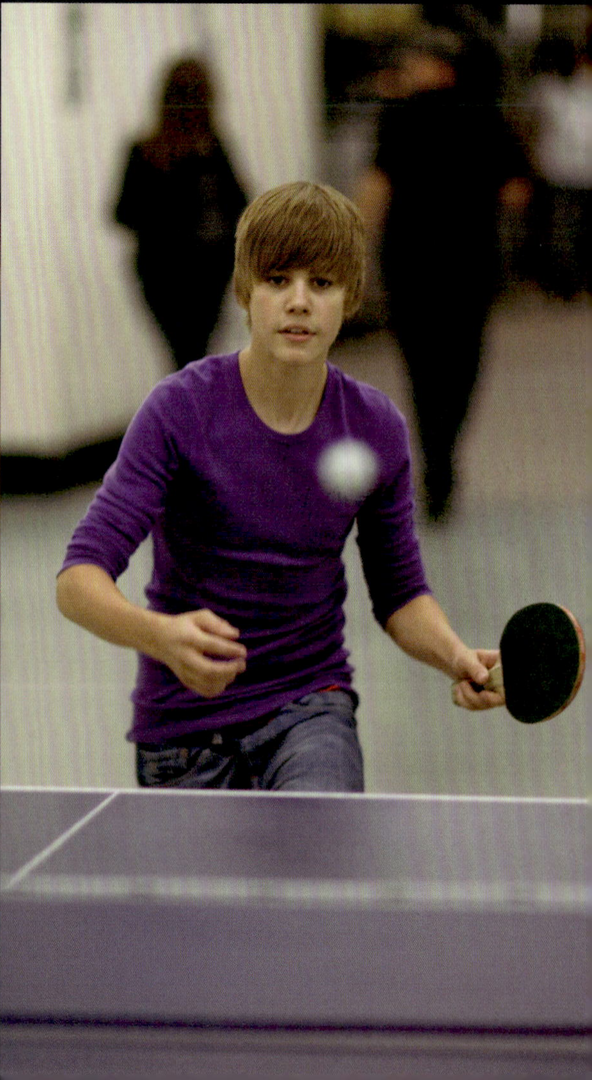

Quelque part, dans les profondeurs obscures du plateau, une voix hurle :

– La vidéo tourne pour quarante-cinq… quarante… Mon vieux, t'as de belles boucles blondes. Allez, je te charrie !

De gros rires résonnent sous le plateau : les techniciens et ceux de la régie aiment bien se moquer de nous, eux aussi. Théoriquement, je pourrais mettre au point un petit discours, mais j'ai peur que ce soit ringard. Je préfère improviser, une fois que j'ai sous les yeux les visages de ceux et de celles à qui je m'adresse. Tout le reste est calculé avec la plus grande minutie, mais ces quelques mots doivent rester spontanés. Je n'ai pas peur de me jeter à l'eau ! Ce qui m'amène à une autre question, que l'on me pose souvent : « Tu as le trac ? » Non, je n'ai pas le trac. Ne croyez pas que je cherche à me vanter. Je ne vois pas ce qui pourrait m'effrayer. Je risque de commettre une erreur ? Les erreurs, je les collectionne. C'est la vie. Quand on tombe, on se remet debout, et en avant toutes ! Le monde ne va pas s'arrêter de tourner si je me trompe d'accord à la guitare ou dans les paroles d'une chanson. Je suis perfectionniste, c'est vrai. Je n'épargne pas mes efforts pour que ce soit parfait, mais, quand on est vraiment professionnel, il faut savoir laisser une part à l'inattendu. Je connais une chanteuse qui faisait un concert en plein air. Un oiseau lui a fait sur la tête au milieu d'*Amazing Grace*. C'est ça, le show-biz.

CHANTER DANS LA RUE

Un jour, je voulais accompagner des amis au golf, mais je n'avais pas d'argent. Après le concours de Stratford Star, je n'avais plus qu'une envie, c'était de chanter devant un public. Aussi ai-je décidé d'aller trouver mon public dans la rue. Pendant le festival Shakespeare à Stratford, les gens affluaient pour voir les spectacles. Des autocars entiers se déversaient devant l'entrée du théâtre et une centaine de personnes déambulaient de-ci, de-là, avant de s'éparpiller dans les cafés, les boutiques ou les galeries d'art.

Cela me sembla l'endroit idéal, puisque les piétons y étaient si nombreux, et, si je choisissais bien mon heure, il y avait de l'ombre! Je connaissais les paroles d'un grand nombre de chansons. Je n'avais pas besoin de fond musical : je pouvais m'accompagner moi-même à la guitare. Comme maman se méfiait du genre de personnes qui arrivaient devant le théâtre, elle a refusé de me laisser y aller tout seul. Je lui ai juré que je serais rentré avant la nuit, mais elle a insisté pour que grand-papa me surveille, dans sa voiture garée de l'autre côté de la rue.

La première fois, j'ai posé mon étui à guitare à mes pieds, en espérant qu'il y pleuvrait de sympathiques billets de 20 dollars. Au bout de deux heures à m'époumoner, j'avais récolté près de 200 cents dollars. J'avais l'impression d'avoir découvert une mine

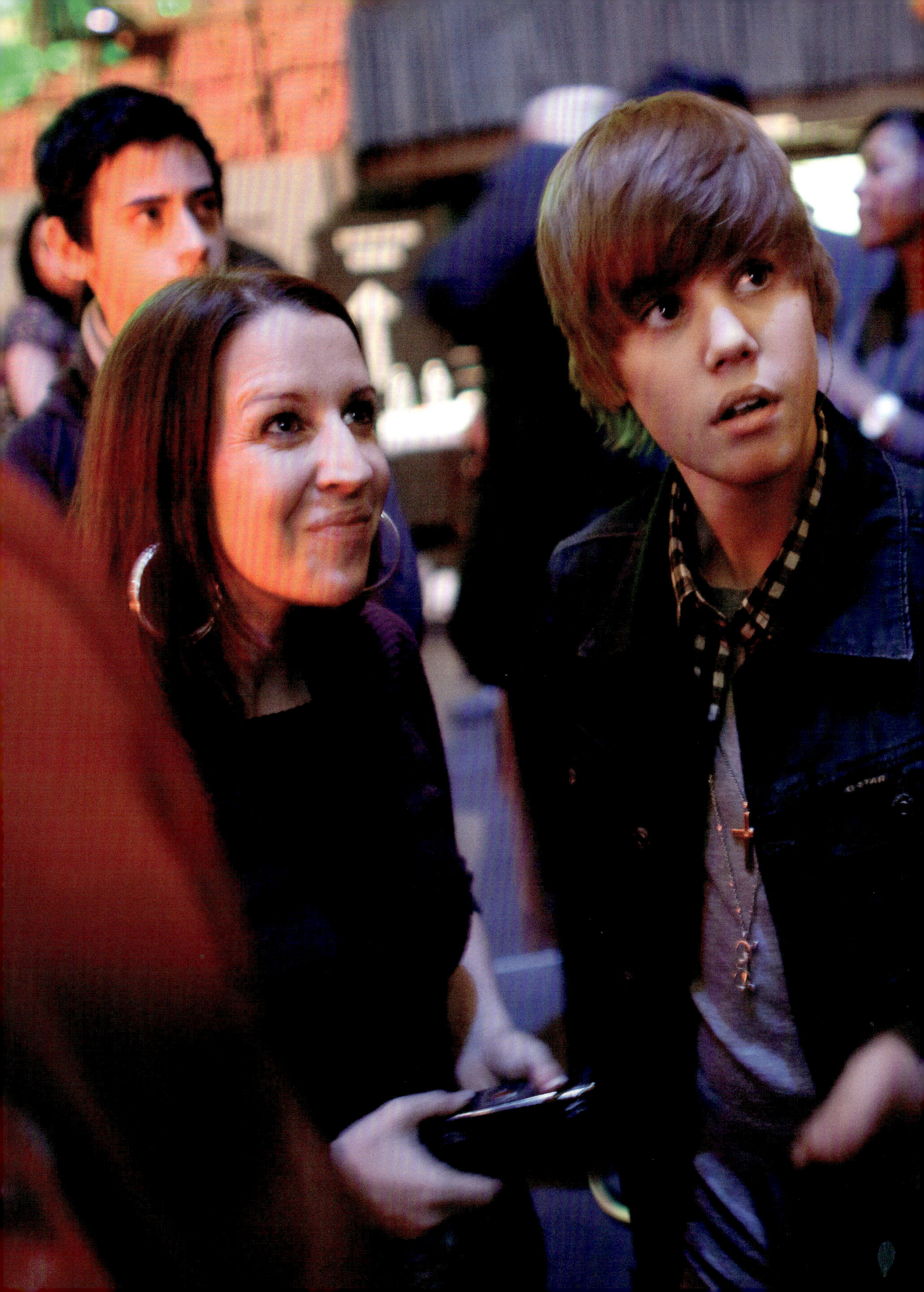

d'or. Quand j'ai annoncé cela à maman, elle était sidérée. Elle m'a parlé de faire des économies pour mes études universitaires futures. Mais, moi, j'avais ma petite idée.

– Maman, et si on allait à Disney World?

Elle fit un rapide calcul dans sa tête et répondit :

– On pourrait, tu as raison. Si tu continues à gagner autant, à la fin de l'été, même en économisant une bonne partie pour tes études, tu auras assez pour acheter des billets d'avion.

J'avais tout prévu. Maman et moi, nous n'étions jamais partis en vacances ailleurs que dans la maison au bord de Star Lake, avec mes grands-parents. Disney World m'avait toujours paru aussi inaccessible que le numéro gagnant de la loterie. Dire que j'allais pouvoir réaliser ce rêve, rien qu'en jouant de la musique – ce que je faisais pour m'amuser depuis des années! Maman n'avait plus peur que je me fasse enlever ou attaquer, en revanche, elle s'inquiétait de me savoir assis dehors avec tout cet argent liquide. Grand-papa et elle se relayaient pour me surveiller, depuis le trottoir d'en face.

Quand je faisais la manche, les gens étaient vraiment gentils et contents que je leur joue quelque chose. Ils me jetaient tous au moins 1 dollar ou 2, en me disant des trucs sympas. Un soir, je trouvai dans mon étui à guitare un petit mot. Je ne me rappelle plus les mots exacts, mais c'était quelque chose comme :

– Tu es mignon! Appelle-moi! Love, Tiffany.

Il y avait aussi un numéro de téléphone.

Chaz et Ryan se sont écriés en chœur :
– Quooooi ? C'est une blague ?

Eh bien non. Cela devenait dingue. Disney World… plus des filles. Faire la manche rapportait gros !

J'avais bien choisi ma place : il y avait une excellente acoustique. Les jours sans vent, il paraît qu'on m'entendait depuis l'autre bout de la rue. Les autocars arrivaient, puis repartaient, déversant toutes sortes de gens. Des dames coiffées de grands chapeaux et munies de sacs à main géants, des écolières japonaises en uniforme à carreaux, des boy-scouts, des équipes de base-ball, des couples de vieux. Ils déposaient aussi des groupes de touristes, désireux d'acheter des souvenirs…, et certains restaient plantés là, à m'écouter, jusqu'à ce que le même car repasse les prendre.

"Disney World m'avait toujours paru inaccessible."

Grâce à l'influence musicale de mes parents, j'avais dans la tête un répertoire pour tous les goûts. Du R&B, de la pop, du country, du gospel, en passant par un peu de heavy metal. Qui n'est pas si « lourd » que ça (*heavy* signifie « lourd »), quand c'est un gamin qui en joue. Plutôt genre « mini metal ». Ça marche.

La chanson qui faisait pleurer tout le monde et pleuvoir des pièces dans mon étui était *Sarah Beth* des Rascal Flatts, où il est

"J'avais 12 ans… Et je commençais à m'intéresser aux filles."

question d'une fille atteinte du cancer. Cherchez-la sur YouTube, et vous me direz si vous êtes capable de la regarder sans un nœud dans la gorge.

Les gens qui avaient des boutiques proches du théâtre m'adoraient, parce que les clients s'attardaient lorsque je chantais. Si cela n'avait tenu qu'à eux, j'aurais chanté du matin jusqu'au soir. Mais c'était l'été, et j'avais 12 ans. Les copains m'attendaient. Et je commençais à m'intéresser aux filles. Comme j'avais les poches plutôt bien remplies, je pouvais jouer les princes.

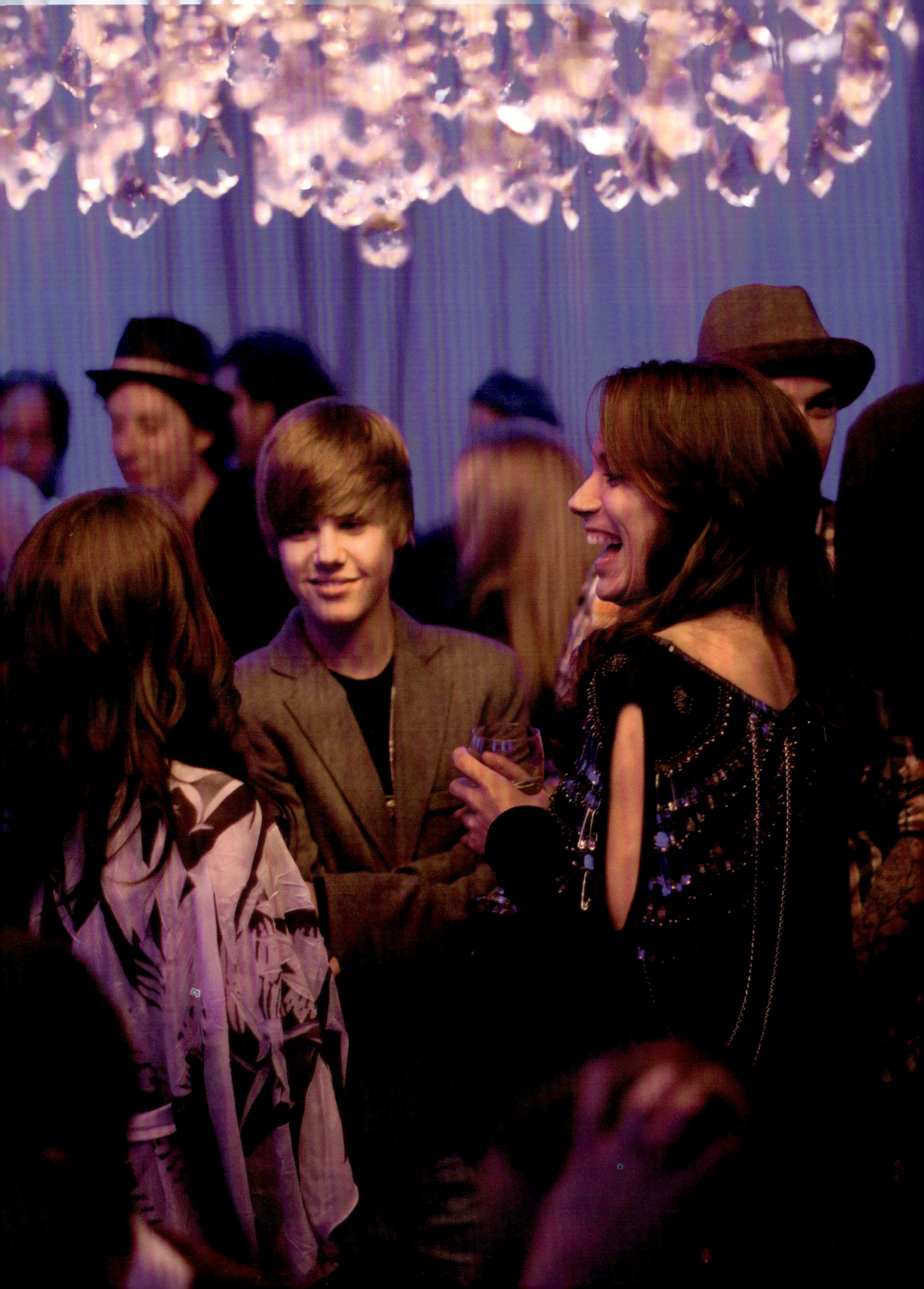

VIDÉO VIRALE

Mon premier rendez-vous amoureux est entré dans la légende sous les termes de « Bieber's Dating Disaster[1] ». Je l'ai emmenée au Kings, un restaurant avec buffet à volonté. Je portais une chemise blanche et… oui, je me suis fait une belle tache de sauce tomate. Bon, ce n'était pas génial, mais ce n'était pas non plus le « désastre » qu'on a dit ! De plus, ma copine était cool. On a bien ri, et ça nous a donné quelque chose à raconter ensuite. Plutôt un bon début pour moi. J'avais eu beaucoup plus le trac qu'avant de chanter, mais cette première expérience m'a permis de le surmonter et, après ça, je n'ai plus du tout eu peur de sortir avec des filles. Vraiment, si la pire chose qui puisse vous arriver, c'est une tache de sauce tomate sur votre chemise… Alors, pas de panique !

    Les touristes du théâtre de Stratford étaient souvent armés de caméras, ce qui n'a rien de surprenant. C'est ainsi que certaines séquences ont trouvé le chemin de YouTube. Alors que je cherchais ces dernières, je suis tombé sur une des vidéos filmées par ma mère, pendant le concours de Stratford Star.

    – Dis donc, maman, combien de fois vous avez vu cette vidéo, grand-maman et toi ? lui ai-je lancé. Il y a… C'est pas croyable !

    Le compteur affichait des douzaines de commentaires :

> Il est trop mignon !
>
> I love Justin
>
> Bravo ! Un gosse adorable !
>
> La ferme, abruti
>
> Ta gueule toi-même ! Te frappe pas, Justin. T'es SEXY !

C'était fou. Les vidéos avaient été regardées des centaines de fois, et les gens avaient laissé leurs avis. Au cours de l'été, ce n'était plus par centaines qu'on comptait les visites, mais par milliers. Maman a commencé à recevoir d'étranges appels téléphoniques d'inconnus. « J'aimerais parler avec vous, j'aimerais représenter Justin. »

Ça ne nous a pas émus plus que cela, parce que maman pensait que c'étaient tous des escrocs – ou pire encore. Quand elle a reçu un mail d'un producteur d'un show télévisé qui s'appelait « Maury » (anciennement le « Maury Povich Show »), elle ne savait même pas ce que c'était.

– Le genre de show où défilent toutes sortes de barjots, nous a informés grand-maman. Où ils font passer des tests de paternité à des hommes, pour savoir qui est vraiment le père du bébé...

Beurk ! Ce show n'était vraiment pas à notre goût.

LE COUP DE TÉLÉPHONE QUI A TOUT CHANGÉ

Un jour, on a reçu un appel de l'école. Un type, du nom de Scooter Braun, les avait contactés. Il cherchait un gosse de Stratford.

— Je me méfie beaucoup de ces gens de l'industrie du disque, leur a répondu maman. Je préfère qu'on laisse mon fils tranquille.

Ils lui donnèrent néanmoins le numéro de Scooter. Elle ne le rappela pas. Mais il se montra si persévérant que maman finit par accepter de lui parler.

— Je vous en prie, écoutez-moi, Pattie, lui a dit Scooter. Si vous ne voulez plus entendre parler de moi après ça, je disparaîtrai. Je tiens à vous dire que votre fils a quelque chose de très spécial. Je me retrouve beaucoup en lui, sauf que, à son âge, je n'avais aucun talent. Je crois que je peux l'aider.

Ce que racontait Scooter était captivant, mais un peu comme l'intrigue d'un film, pas comme un événement de la vraie vie. Quoique sa vie ressemblât assez à ce qu'on voit au cinéma.

« J'ai 25 ans et j'ai été l'un des organisateurs de fêtes les plus connus des États-Unis. Un jour, j'ai décidé de ne plus jamais organiser de fête. Je n'avais aucune envie de me retrouver à 40 ans, disant à mes enfants : « Papa doit aller à la boîte de nuit. » Ce n'était pas la vie que je souhaitais. Je voulais bosser dans la musique, faire quelque chose de créatif. Je suis alors devenu le vice-président du marketing d'un label appelé « So So Def ». Après quoi, j'ai laissé tomber pour lancer mon propre label et monter ma propre agence. Je cherche de nouveaux talents et je les aide à lancer leur carrière. »

— Et quelle carrière lancez-vous à présent ? lui demanda maman, qui se promettait de le « googler » et de l'envoyer paître s'il lui avait menti.

— Je viens de signer un contrat avec un rappeur du nom d'Asher Roth. Il démarre tout juste, mais on a des projets formidables. Sachez que je m'engage à faire en sorte que votre fils n'ait jamais de regrets.

À mesure que la conversation se prolongeait, Scooter gagnait du terrain. Il lui donna une longue liste de références impressionnantes, et ils finirent par parler famille et moralité pendant deux heures. Il avait l'air d'un type bien. Maman m'annonça qu'elle allait réfléchir, mais que je ne devais surtout pas me monter la tête.

En attendant, le nombre de vues sur YouTube se chiffrait à des dizaines de milliers. Une de mes vidéos avait été vue plus de 72 000 fois et avait été partagée de nombreuses fois, ce qui montrait l'enthousiasme qu'elle suscitait chez les internautes. L'automne était arrivé et la rentrée déjà passée quand, un matin, l'école a diffusé un florilège de mes vidéos YouTube : les directeurs avaient appris mes activités de chanteur par Scooter, au moment où il me cherchait partout. Mais voilà ! Mes camarades n'en savaient rien, puisque j'étais un musicien caché. Ils n'étaient pas non plus passés devant l'entrée du théâtre où je m'étais produit tout l'été. J'avais 13 ans et j'avais hâte de grandir. Si les autres me connaissaient, c'était plutôt comme joueur de hockey. Bref, certains se sont chargés de

> "C'était comme si nous nous connaissions depuis des années."

me remettre à ma place. Lorsque maman m'a enfin permis de parler à Scooter au téléphone, j'ai protesté :

– Hé, pourquoi m'avoir fait ce coup-là ? Je ne sais plus où me mettre à l'école. Tu ne savais pas qu'à la récré les plus forts dévorent les blessés ? Je n'avais vraiment pas besoin de ça !

Scooter rit de bon cœur, et son rire fut contagieux. Au bout d'une heure, c'était comme si nous nous connaissions depuis des années.

– Justin, me dit-il, j'ai parlé à ta mère et j'ai l'impression qu'elle va m'autoriser à te faire prendre l'avion pour Atlanta. Ce sera ton baptême de l'air, en plus ! Quand tu seras ici, on verra si tu me bats au jeu de *H.O.R.S.E*, comme tu le prétends.

– C'est impossible, lui rétorquai-je. Nous allons à Disney World. J'ai fait des économies pour acheter des billets. C'est nos premières vacances, et c'est moi qui les finance.

Mais il a la tête dure, et, en fin de compte, maman et moi, nous n'avons pas arrêté d'en discuter durant toute la soirée, jusque tard dans la nuit.

– C'est peut-être une occasion à ne pas manquer, maman. Je ne voudrais pas passer à côté.

– Si c'est ce que tu veux, acquiesça-t-elle, allons à Atlanta. Disney World sera toujours là à notre retour.

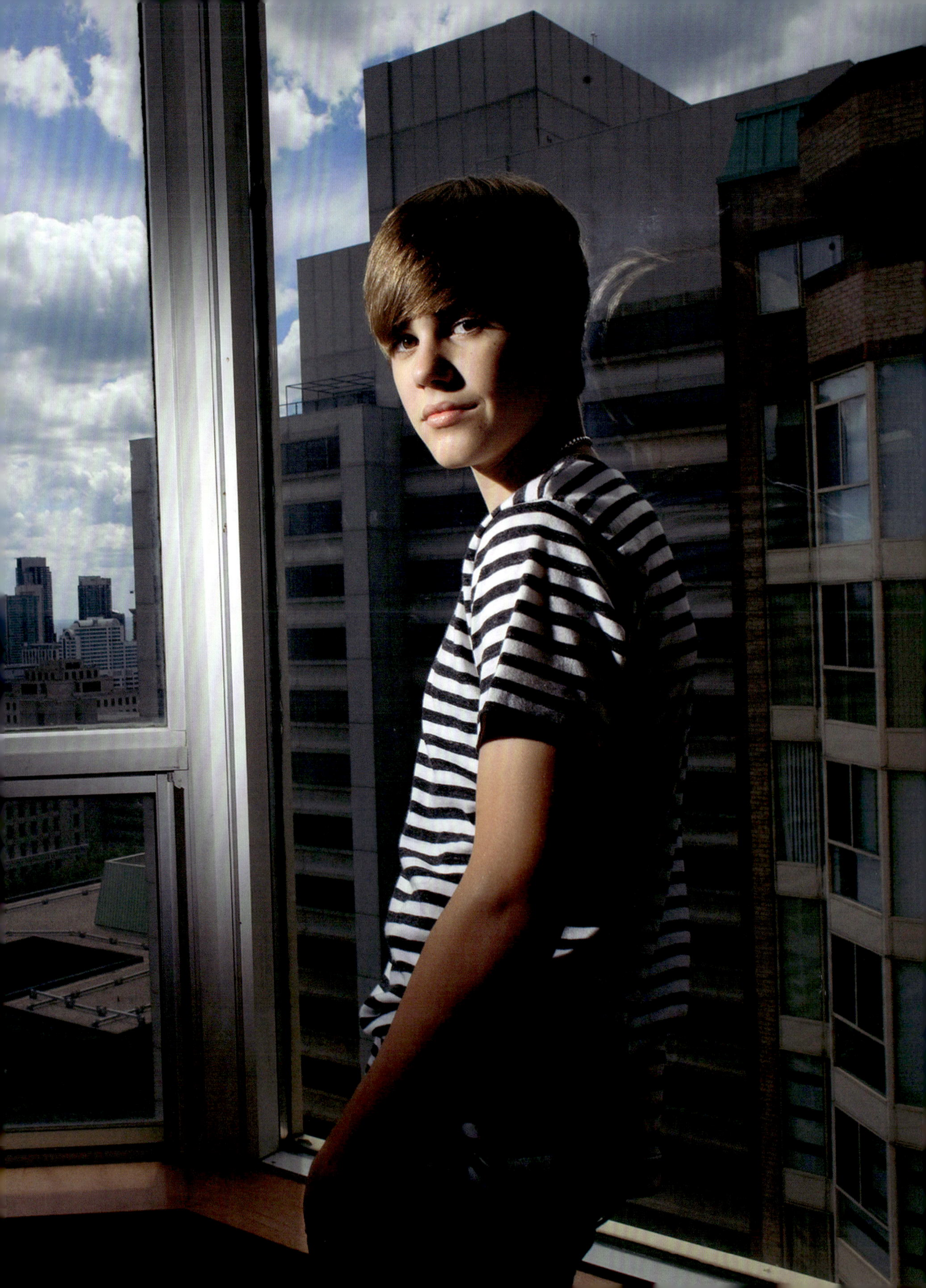

LE CIEL EST À MOI

Maman et moi, nous avons fait tous les deux notre baptême de l'air à l'automne 2007. L'avion a décollé et nous a hissés jusqu'au ciel. C'était aussi génial que dans mes rêves. Toute ma vie, j'avais vu des avions passer au-dessus de ma tête. Quand j'étais petit, je pensais qu'ils étaient réservés aux gens riches. Et, même plus grand, je pensais que ma mère et moi, nous étions destinés à rester les deux pieds sur terre. Pour moi, le monde de la musique planait dans les mêmes hauteurs célestes. Des chanteurs comme Beyoncé, Usher et Justin Timberlake étaient vraiment des étoiles dans les cieux. Y avait-il une chance pour que je suive le même chemin ? Scooter avait l'air de le penser, et je ne demandais qu'à le croire, mais nous ne nous montions pas la tête. Je n'étais pas du style à me vanter auprès de mes camarades avant d'être sûr et certain que ça marchait. De plus, si jamais cela ne se réalisait pas au bout du compte, j'aurais été trop déçu !

À Atlanta, Scooter vint nous chercher à l'aéroport, au volant d'une Mercedes violette. Quand je l'ai vue, je me suis écrié :

– Super !

Maman s'est contentée de hocher la tête. Scooter est descendu de la Mercedes et, à notre grande surprise, nous a fait à tous les deux un gros câlin.

– Tout va bien ? Je suis Scooter.

– Heureux de faire ta connaissance. Moi, c'est Justin.

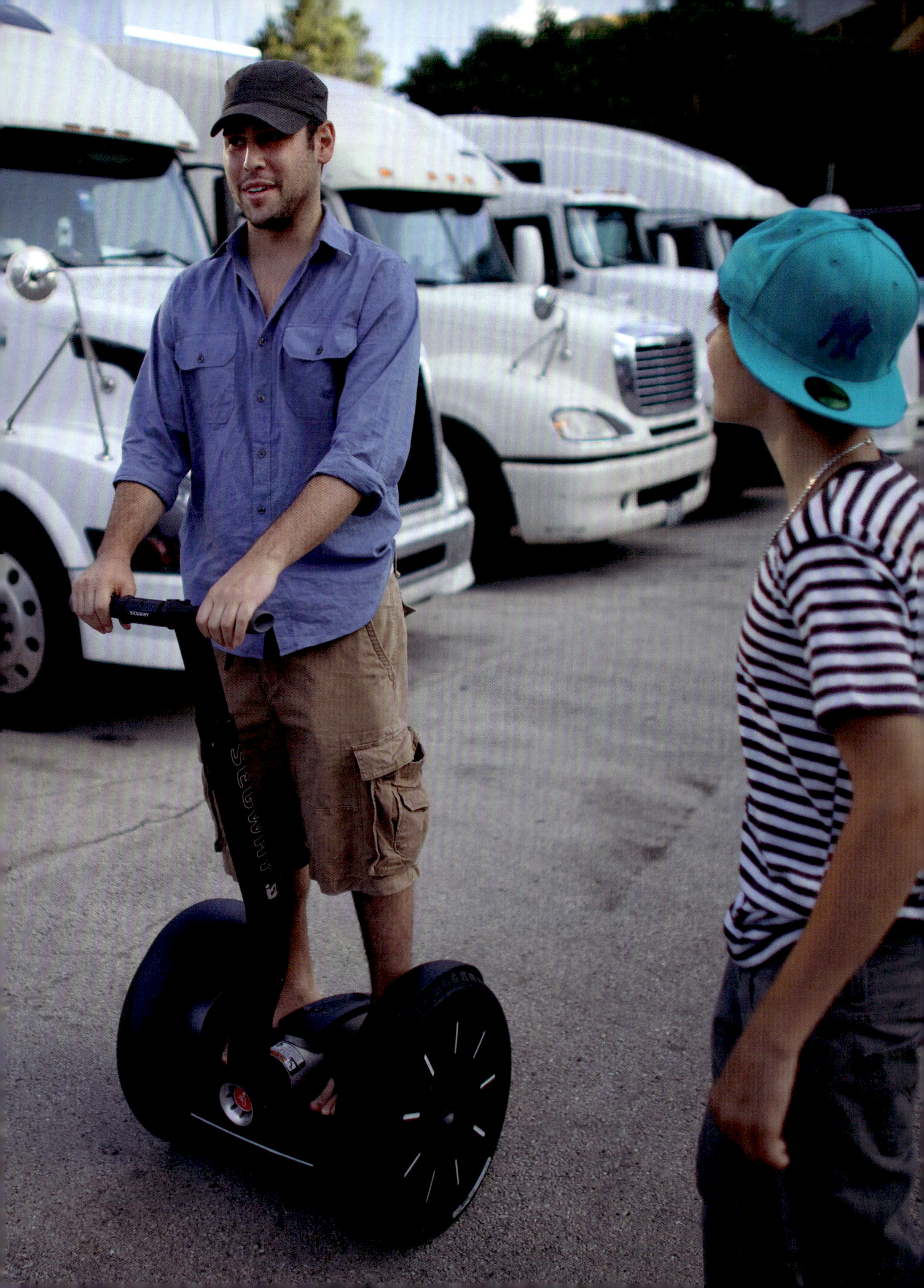
SEGWAY

"Nous nous sommes tout de suite super bien entendus."

– Belle voiture, a commenté maman.

– C'est la première voiture que je me suis achetée, nous informa-t-il. À l'époque, je gagnais plein de fric avec les fêtes que j'organisais. Je l'ai payée cash. Aujourd'hui, je suis dans un autre business. Mais j'adore toujours cette caisse.

– C'est génial, dis-je. Et le système audio ?

– D'enfer ! répondit Scooter.

– Mets-le à fond pour voir !

C'est ce qu'il a fait, et je me suis mis à chanter *Umbrella* avec Rihanna et Jay-Z. Puis maman a joint sa voix à la mienne, et bientôt nous étions tous les trois en train de chanter et de rire. Scooter faisait le pitre, il imitait la voix de Mike Tyson et d'Arnold Schwarzenegger. Nous nous sommes tout de suite très bien entendus. Maman n'en croyait pas ses yeux : « Ce mec est trop ! » semblait-elle dire.

– Si vous n'avez rien contre, nous allons de ce pas au studio de Jermaine Dupri, annonça Scooter.

– On n'a rien du tout contre ! m'écriai-je.

Je savais que Jermaine Dupri était une pointure. Il avait, dans sa jeunesse, découvert les rappeurs Kris Kross, Da Brat et Lil Bow Wow, et il avait travaillé depuis avec Mariah Carey, Luther Vandross et les préférés de maman, Boyz II Men.

– C'est une petite visite amicale, voilà tout, d'accord ? continua Scooter. Nous allons nous poser un peu, jouer à des jeux vidéo… Je ne veux pas que tu chantes pour eux, pas encore… D'abord, ils doivent faire ta connaissance. Ensuite, je leur montrerai tes vidéos. Et, après seulement, on te trouvera quelque chose à leur chanter. Tu n'es pas venu auditionner, c'est d'accord ?

Il a garé sa voiture dans le parking privé du studio. Derrière nous venait une Range Rover noire. Le conducteur en est sorti. Je suis resté bouche bée : Usher !

J'eus exactement la même impression qu'au moment où l'avion avait décollé. C'était dingue. Je devais me pincer pour le croire. J'étais impatient de voir les têtes de Chaz et Ryan quand je leur dirais que j'avais passé un moment avec Usher ! Scooter n'eut pas le temps de m'arrêter. J'ai bondi de la Mercedes et j'ai traversé le parking à cent à l'heure :

– Usher ! Je t'adore ! Je peux te chanter quelque chose ?

– Nan, mec, ça caille trop dehors, me répondit Usher.

Les gens ont l'air de penser que je suis tombé sur Usher, par le plus grand des hasards, dans un parking et que, vingt minutes après, paf, je signais un contrat pour un disque. En réalité, près d'une année s'est écoulée avant que je revoie Usher. Ce jour-là, il m'a envoyé sur les roses, a salué Scooter et il est entré dans le bâtiment. Je le taquine encore à ce sujet. Il a dit à quelqu'un, par la suite, qu'il croyait que j'étais un cousin de Scooter…

Quand Usher entra, Scooter m'a lancé un regard, style : « Ben dis donc ! »

"J'étais impatient de voir les têtes de Chaz et Ryan quand je leur dirais que j'avais passé un moment avec Usher!"

Mais il m'a répété de ne pas chanter pour Jermaine Dupri.

Il n'a rien dit à propos d'Usher. On est entrés à notre tour, on a salué JD et puis on a joué à des jeux vidéo. De temps en temps, je m'imaginais en train de dire à Chaz et Ryan : « J'ai un peu glandé au studio avec les mecs… » Maman était toujours en état d'alerte rouge. Elle ne pouvait pas croire que tout cela menait quelque part. On s'amusait bien. À un moment donné, je me suis mis à rapper *Grillz* de Nelly, un tube qu'il a fait avec Dupri.

Au début, ils ont rigolé. Ce devait être bizarre de voir ce petit gamin blanc imiter Nelly. Puis, Jermaine s'est levé en disant :

– Bougez pas ! Je vais chercher ma caméra.

J'ai recommencé mon numéro, pour qu'il puisse me filmer.

– Ça, c'est extraordinaire, déclara-t-il à la fin. C'est qui, ce gamin… ? Un bébé Scooter ?

Il se tordit de rire ; je voyais bien que Scooter et lui étaient des copains, et qu'il était ravi de cette rencontre. Je l'étais encore plus que lui. Vous imaginez, moi, un petit gars de Stratford, Ontario, qui parle à Jermaine Dupri !

– En fait, il sait chanter, lui précisa Scooter.

– Ah, il faut que j'entende ça ! s'exclama Jermaine.

– Pas aujourd'hui, rétorqua Scooter. Il débarque tout juste, et je n'ai pas encore eu le temps de…

J'entonnai alors quelques mesures de Boyz II Men. Scooter, une fois de plus, me fixa d'un air ahuri.

Jermaine échangea un regard avec lui.

– Pas encore, je te dis, le charria Scooter en riant.

Mais je voyais bien, à sa tête, que le moment était venu de partir et que cet épisode n'était pas prévu à son programme. Avec le temps, Scooter et moi, on a appris à travailler ensemble, mais, à l'époque, nous en étions encore aux balbutiements. Nous sommes donc retournés à la voiture.

– Il ne faut pas aller trop vite, nous avertit Scooter. Pour que ça marche, tout doit être étudié point par point.

– Je n'y connais rien dans ce domaine, lui rappela maman. J'aimerais te connaître mieux, toi aussi, en tant que personne. Je veux dire que tu as l'air de vouloir jouer un rôle important dans la vie de mon fils, un rôle de guide. Je ne peux pas l'autoriser à moins d'avoir une sorte de… je ne sais pas.

"J'étais dans le ciel. Je parlais aux étoiles ! C'était dingue."

– Veux-tu rencontrer ma famille ? suggéra Scooter.

– Oui, c'est une bonne idée. Je me sentirai plus à l'aise.

– Il se trouve justement que mon père passe par Atlanta demain. Il est allé faire du kitesurf et passe me voir avant de rentrer à la maison. Il va vous plaire. Je lui dois tout. Il est mon meilleur ami. Vous comprendrez quand vous le verrez.

"C'est vrai qu'il était jeune, mais il était aussi poli et super motivé. Il connaissait bien le monde de la chanson. Et il croyait en moi."

Le lendemain, nous sommes allés au restaurant de l'aéroport rencontrer le père de Scooter : le Dr Ervin Braun, un dentiste amateur de sports extrêmes. La mère de Scooter est une orthodontiste amateur d'art. Maman a fini par conclure que ce Scooter était un brave garçon. Juif pratiquant, il formait avec ses parents une famille solide et aimante. C'est vrai qu'il était jeune, mais il était aussi poli et super motivé. Il connaissait bien le monde de la chanson. Et il croyait en moi.

Nous sommes restés quelques jours seulement à Atlanta, mais nous avons eu le temps de dresser un plan : nous allions continuer à poster des vidéos sur YouTube, à surveiller le compteur de vues et à peaufiner mes chansons. Scooter était bourré d'idées pour encourager la participation d'un nombre de plus en plus grand de fans. Comme c'était toutes des chansons que j'adorais, j'étais partant à cent pour cent. Au cours des mois qui suivirent, maman et Scooter passèrent des nuits entières à regarder le compteur tourner et à compter les avis positifs.

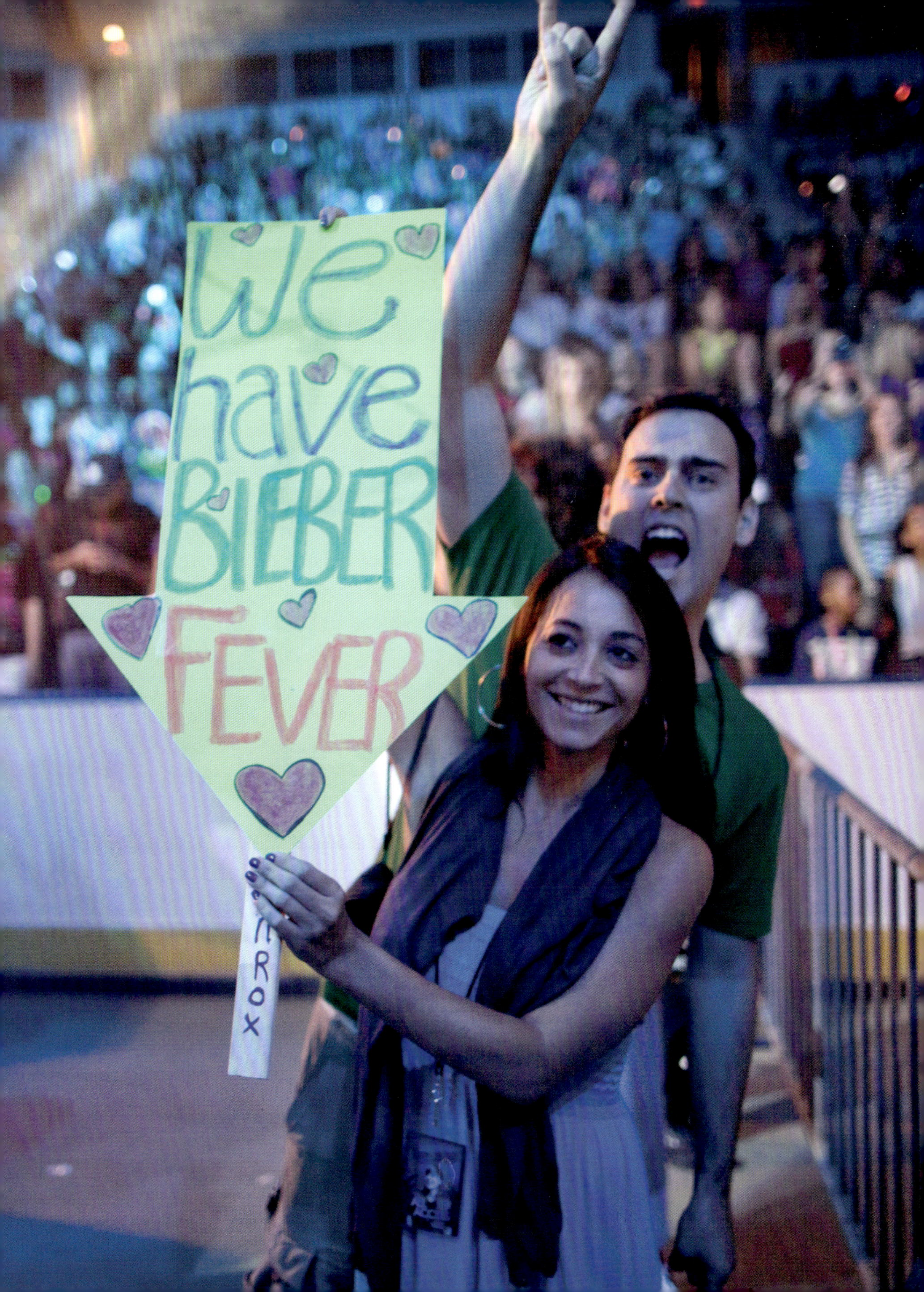
We have BIEBER FEVER

BONNE ANNÉE !

Nous avons passé Noël 2007 chez mes grands-parents, comme d'habitude. Au réveillon du 31, nous nous demandions ce que nous réservait l'année 2008.

— Tu devrais, je crois, chanter *With You*, m'a conseillé Scooter. Cette chanson a la cote en ce moment, et je sais qu'avec toi ce sera génial !

L'idée me sembla formidable. Comme j'adorais cette chanson, je l'ai apprise en un clin d'œil, et j'étais impatient que maman la filme. Hélas, la veille, je m'étais fait couper les cheveux, et la coupe était atroce ! Privé de la mèche qui faisait mon image de marque, je me trimballais une coupe au bol, qui me rappelait la tête de Bart Simpson. Ce qui était plutôt bien vu, d'ailleurs, puisque maman a filmé la vidéo dans ma chambre, chez mes grands-parents : j'y chante avec un poster de Bart Simpson dans le dos. Sauf qu'elle a juste filmé son pantalon, ainsi que quelques petits joueurs de hockey collés au mur. À la fin de la séquence, je me lève, et vous verrez aussi, derrière moi, un poster de Tupac. Cela résume bien ma personnalité : Bart Simpson + Tupac. Scooter avait raison, c'était mortel !

Il se trouvait à la cérémonie des Grammy Awards quand il reçut la vidéo que lui avait postée maman. Il adora la chanson, mais le look… beaucoup moins. Il envoya un texto à maman : « Excellent,

> "Cette chanson et ma coupe au bol ont dépassé le million."

mais il faudrait refilmer quand ses cheveux auront repoussé. »

Le texto arriva tronqué. Maman reçut seulement la partie : « Excellent ». Elle procéda donc à l'enregistrement sur YouTube. Le temps que Scooter réagisse et lui téléphone pour qu'elle le retire, il avait déjà additionné plus de 25 000 visites.

– Super ! s'écria-t-il. Voyons ce qui va se passer.

En moins d'un mois, cette grande chanson et ma coupe au bol ont dépassé le million de visiteurs.

Maintenant, toutes mes chansons dépassent le million, presque tout de suite, mais je ne peux pas vous dire combien j'étais épaté par cette première fois – c'était stupéfiant ! Maman et Scooter ne ménageaient pas leur peine et travaillaient jour et nuit. Scooter et Carin sortaient déjà ensemble à l'époque. Alors Carin a été prise, elle aussi, dans le tourbillon. Scooter nous faisait venir de temps en temps en avion, pour que nous rencontrions telle ou telle personnalité, mais aucune n'avait l'air de s'intéresser à moi. Cela devenait frustrant, à la fin. On avait tellement travaillé, et les visites sur YouTube crevaient tous les plafonds, mais, dans l'industrie musicale, on s'en moquait totalement. Ils n'arrêtaient pas de répéter : « Vous ne pouvez pas lancer un gamin sans une émission télévisée. S'il n'est ni sur Nickelodeon ni sur Disney Channel, vous pouvez toujours vous brosser. »

Et Scooter, lui, n'arrêtait pas de répéter à ces gens : « Ce gamin a déjà une foule de fans. Si on leur donne des CD, ils se chargeront du reste. » Mais ça, c'était du jamais vu dans l'industrie du disque. Tout le monde comprenait le concept de « vidéo virale », mais personne ne s'en était encore servi pour lancer un chanteur. Et, chaque fois que Scooter se heurtait à un « non », il en ressortait galvanisé. Il disait que la victoire n'en serait que plus savoureuse encore.

– Rien de grand n'a jamais été accompli sans efforts, me déclara-t-il.

Ce soir-là, au téléphone avec Scooter, je lui confiai :

– Il faut que ça marche. Plus j'y pense, plus j'en veux. Mais à l'école, si je l'ouvre, je passe pour un con.

– Ils sont juste jaloux, suggéra Scooter.

– De quoi ? Tu veux dire qu'ils me prennent pour un mythomane. Ils me disent, par exemple : « Si t'es si bon que ça, quand est-ce que tu passes sur MTV, Bieber ? » Ou : « Tiens, t'es là, Bieb ? Je te croyais à Neverland, avec Michael Jackson. »

– Jaloux parce que toi, tu crois en quelque chose. C'est juste une question de temps, Justin, m'affirma-t-il. La seule chose qui puisse t'empêcher d'y arriver, c'est toi-même. Les gens qui se plantent malgré un vrai talent ne se plantent jamais à cause de la musique. Reste concentré sur ce que tu fais, sans tenir compte de ce que les autres racontent. C'est leur problème, pas le tien. S'ils veulent être négatifs, tu n'y peux rien. Toi, tu es positif.

"Rien de grand n'a jamais été accompli sans efforts."

CHAPITRE 5

UNE VIE NOUVELLE

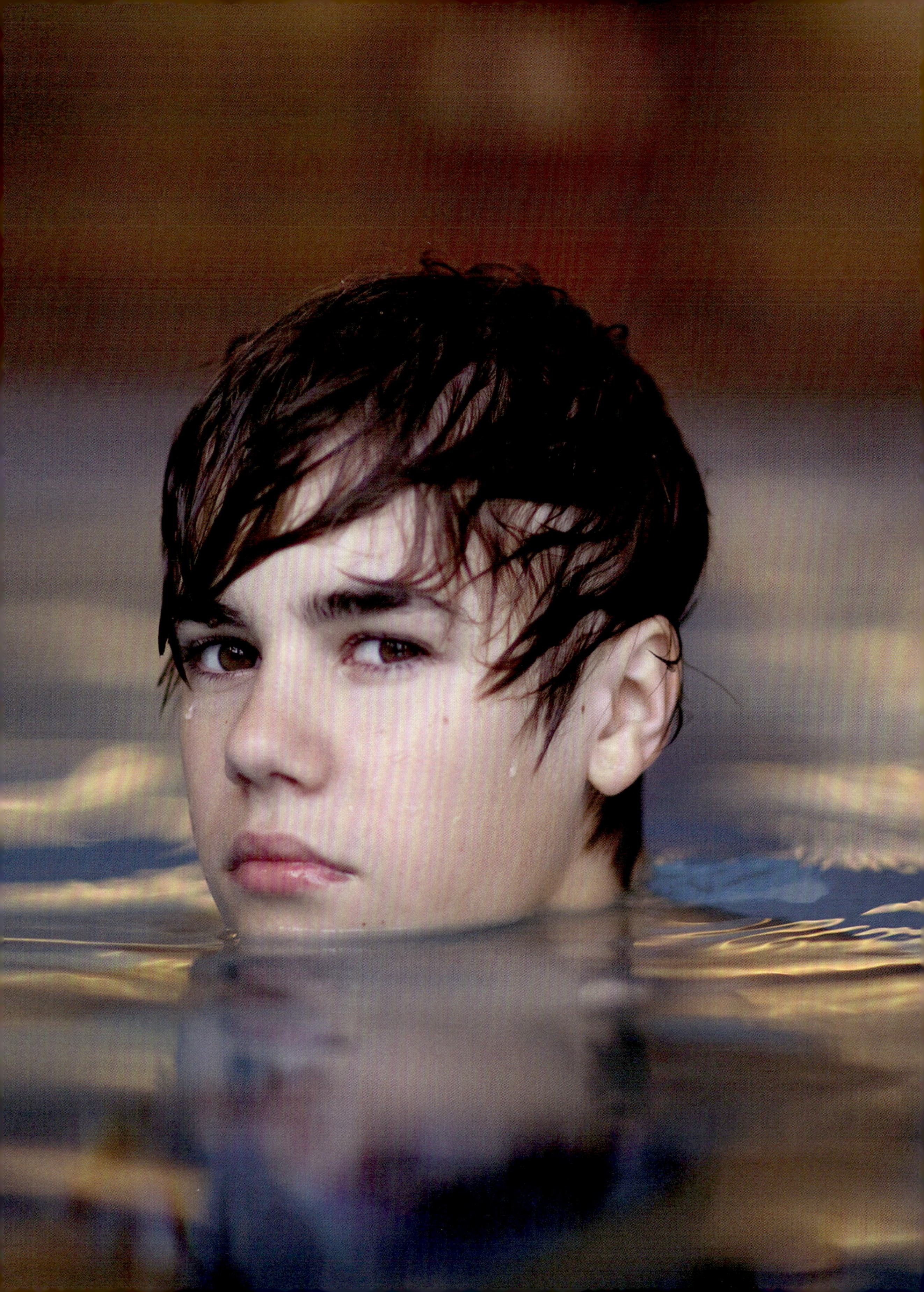

> **justinbieber** Il y a plus de personnes qui me suivent sur Twitter que d'habitants dans ma ville natale. Les rêves peuvent se réaliser.
>
> 5:08 AM 30 avril via web

La rencontre VIP qui précède le spectacle me permet de faire la connaissance de quelques fans, avant l'arrivée de la foule. Le jour du premier concert, environ 200 filles splendides étaient réunies juste devant la scène. Mon DJ, Tay James, m'a rejoint sur le plateau. Dan est venu à son tour, et on a commencé à jouer librement *Crazy Train*. Après quoi, on a appelé Scooter.

– Accueillez chaleureusement mon manager !

Les fans aiment que je demande à Scooter de me rejoindre sur scène. En tant que manager, il peut résoudre n'importe quel problème – défaire n'importe quel nœud, réparer n'importe quelle erreur –, mais c'est aussi une personne très créative : je n'avais jamais rencontré quelqu'un comme lui auparavant. C'est un très bon imitateur, et il sait être vraiment drôle. Cela fait beaucoup rire les filles. Elles savent toutes qui il est.

– Scooter, viens par ici. Tu nous imites Schwarzenegger, s'il te plaît ? Allez !

Il prend le micro et dit :

— Achetez cet album de Jostin Beebah ou je vous arrache le bras, et je vous frappe avec.

Tout le monde est mort de rire.

— Obama ! Scooter, fais Obama !

Il essaie de quitter la scène et commence à s'éloigner, mais je fais en sorte que la foule l'encourage :

— Obama ! Obama ! Obama !

— Eh bien, comme vous savez, mes chères filles, Sasha et Malia, sont de grandes fans de ce gars-là. Et je dois dire, j'adore Bieb.

On répond à quelques questions. Ce sont presque toujours les mêmes, mais ça ne me dérange pas, parce que tout le monde est de bonne humeur. Il y a beaucoup d'énergie qui circule. Scooter salue de la main les groupes du fond.

— Oui, toi, le vieux au fond. Une question ?

— Oui, répond-il. Est-ce qu'il y aura des invités sur scène, ce soir ?

> "Scooter est une des personnes les plus créatives que j'ai rencontrées."

— Eh bien, voyons… Il y a ma mère bien sûr, et mon grand-père et ma grand-mère. Et puis, il y a mon ami…

Avant même que je prononce le nom d'Usher, la foule l'aperçoit qui monte sur scène derrière moi. Les fans s'agitent. Usher me serre les épaules amicalement.

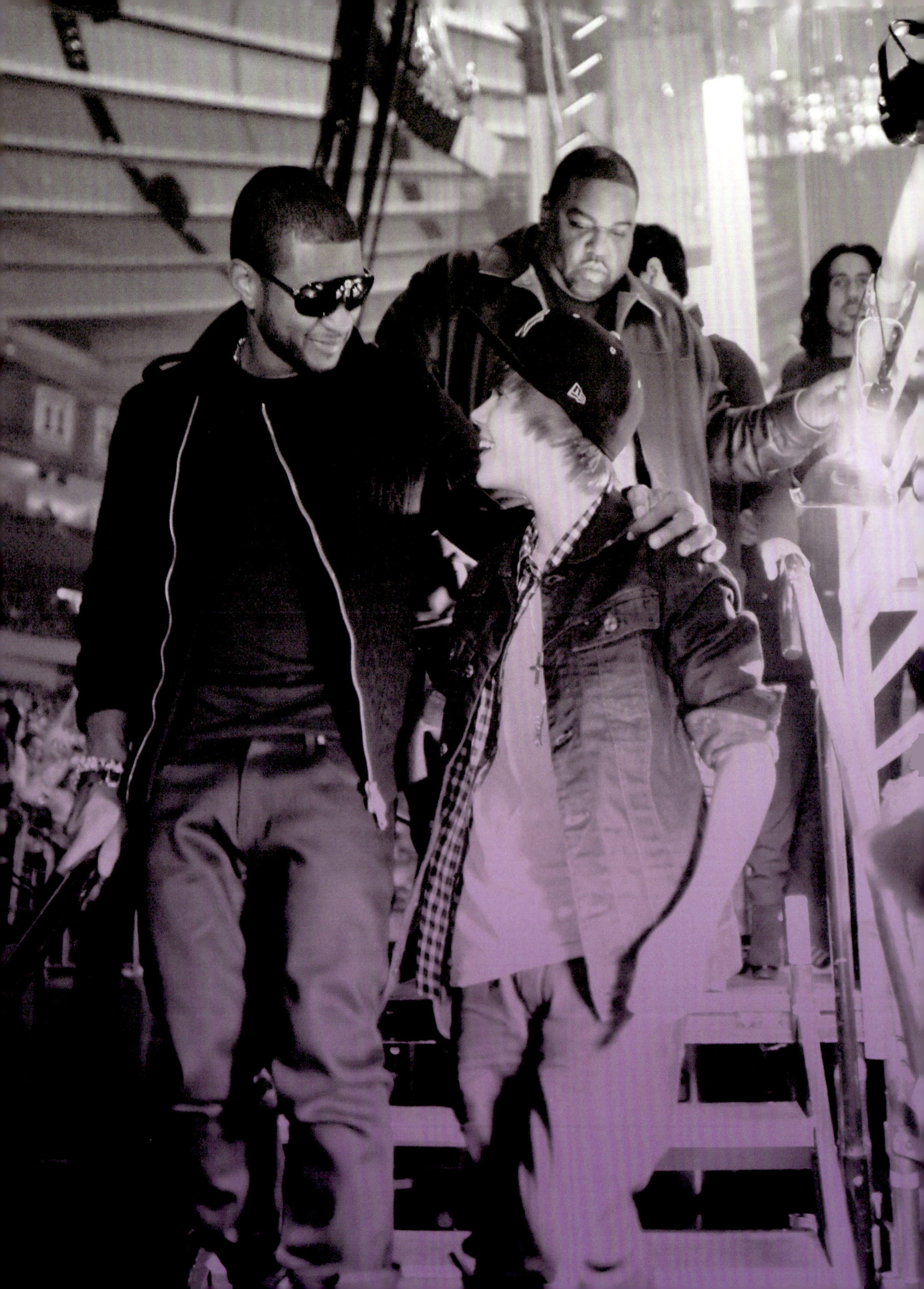

"C'est la première étape vers l'immortalité."

On fait un de nos fameux checks secrets. Il salue la foule d'un geste de la main, avant de retourner dans les coulisses.

Dan et moi, nous terminons cette introduction privilégiée. Les fans VIP se dirigent vers un escalier. Pour l'instant, l'arène est silencieuse. Sous la scène, Usher et moi sommes assis sur le bord d'une rampe, à parler tranquillement.

– Le succès commence avec la première étape, me dit-il. Et c'est l'étape la plus difficile. C'est dur de demander à quelqu'un d'aussi jeune de relever un pareil défi. Il faut savoir te ménager. T'amuser. Réaliser où t'a mené tout ce travail acharné : c'est le moment pour toi d'en profiter.

– J'y compte bien. Cette semaine, tout le monde m'a dit qu'il fallait que je repose ma voix. Mais on doit répéter. Je veux que tout soit parfait. Je ne veux décevoir personne.

– Je sais que cette famille est pleine d'énergie. Tout se passe en douceur, avec beaucoup d'amour. On prend soin de toi. Évidemment, ta voix, c'est ce qu'il y a de plus important. C'est pour ça que je tenais vraiment à être là, pour le premier concert. Je veux être sûr que tu comprennes que tu dois te ménager. Tout ne va pas se passer en un soir. Pense aux 85 concerts suivants.

– Mais je ne pense qu'à ça ! Qu'est-ce que tu crois ? 84 concerts en six mois… j'ai compris.

– 85, ça semble monstrueux. Mais ce qu'il faut réaliser, c'est que cela prendra fin à un moment donné. Et lorsque tu auras

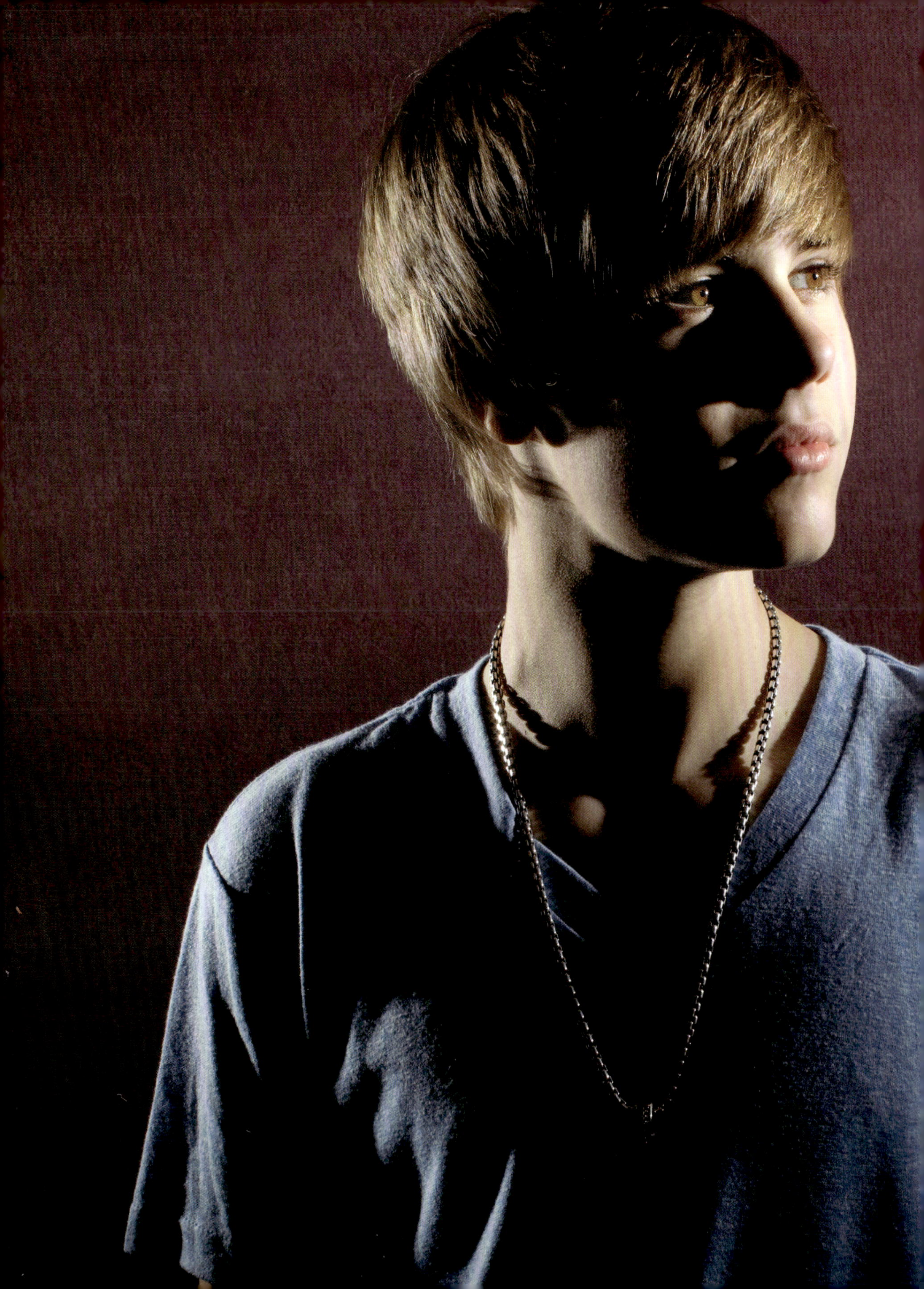

"Je veux que tout soit parfait. Je ne veux décevoir personne."

fait ces 85 concerts, tu auras acquis plus d'expérience et tu seras reconnu comme un artiste ayant laissé une trace – tu ne tomberas pas aux oubliettes. La prochaine étape, c'est une tournée mondiale. C'est le premier pas vers l'immortalité. Tu iras aussi loin que tu en as envie. Mais il faut te servir de ta tête. Il faudra savoir te ménager, autant sur scène que dans la vie.

Ce n'était pas une leçon facile à entendre, alors que j'essayais de me faire une place dans le business. Être patient. Ne pas en faire trop. Mais on y est arrivé. Après la vidéo de *With you*, où j'ai une coiffure horrible et des allures de Bart Simpson, on a posté sur YouTube celle où je chante pour Usher, en février 2008.

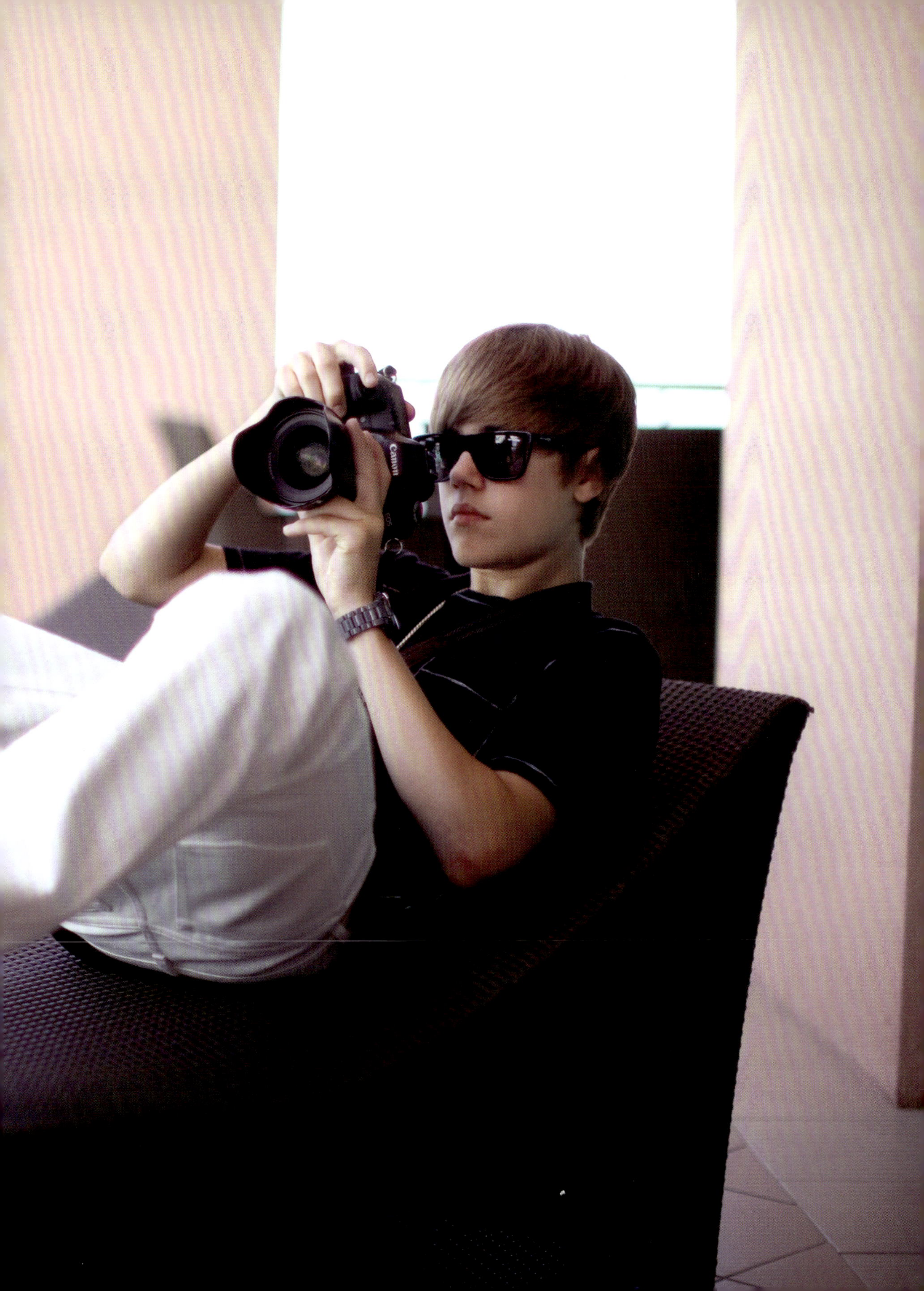
Canon

UN AMI POUR LA VIE

Cela a commencé un peu comme dans *Horton*. Scooter, c'est l'éléphant, qui essaie d'expliquer aux kangourous et aux cacatoès du monde de la musique qu'il y a des milliards de fans prêts à m'entendre ; personne ne le croit. Il a donc décidé que nous avions besoin d'un petit coup de pouce d'une star.

Nous avions besoin de quelqu'un, quelqu'un qui avait du poids. Et Scooter connaissait deux personnes qui correspondaient au profil : Justin Timberlake et Usher. Ils avaient tous les deux débuté très jeunes, avant de devenir des stars adultes.

Ce sont des personnes adorables, respectées par les grandes maisons de production. On a réussi à leur présenter les vidéos sur YouTube, qui montraient vraiment à quel point j'étais en train de grandir – aussi bien physiquement que vocalement – et combien de fans attendaient de me voir sortir de l'ombre. Usher a dit à Scooter :

– Mais il se cachait où, ce gosse ?

– Mais si, a répondu Scooter. C'était lui dans ce parking, ce jour-là. Tu te souviens ? Il voulait te chanter quelque chose.

– Comment je pouvais savoir que lui, c'était un bon ?

Timberlake a eu la même réaction.

Usher et lui ont voulu me rencontrer immédiatement. Maman et moi, nous ne pouvions plus garder les pieds sur terre à ce moment-là. Quoi ?! Usher et Timberlake veulent me rencontrer ? C'est une blague ? Ce n'était pas la peine d'essayer de raconter cette histoire à l'école. Cela aurait été comme de leur dire que j'allais rencontrer Chuck Norris, et on sait bien que ce mec est inaccessible. C'est CHUCK NORRIS. Il n'a pas besoin de Twitter, il vous suit déjà.

Deux semaines avant mes 15 ans, maman et moi, nous nous sommes rendus à Atlanta pour rencontrer Usher. Je lui ai chanté *You got it bad*, mon sweat à capuche des Maple Leafs de Toronto sur le dos. Lui, dans sa veste en cuir, m'a écouté tranquillement. On a discuté un moment : c'est une des personnes les plus décontractées que j'aie jamais rencontrées. De lui émane un calme qui vous rend heureux d'être là. Maman l'a beaucoup apprécié, et on était tous les deux aux anges lorsque Scooter nous a appris qu'il voulait nous revoir, afin de discuter de la possibilité de travailler ensemble. Mais Scooter lui a dit :

– On doit tout d'abord avoir la même discussion avec Timberlake. Je lui ai promis de lui présenter le gamin.

On est allés voir Justin Timberlake chez lui, à Memphis. Jessica Biel était là. Scooter a presque été obligé de me mettre la main devant les yeux pour que j'arrête de la regarder. Timberlake est arrivé et je lui ai chanté *Cry me a river*.

– Il faut du courage pour me chanter ma propre chanson, a-t-il dit.

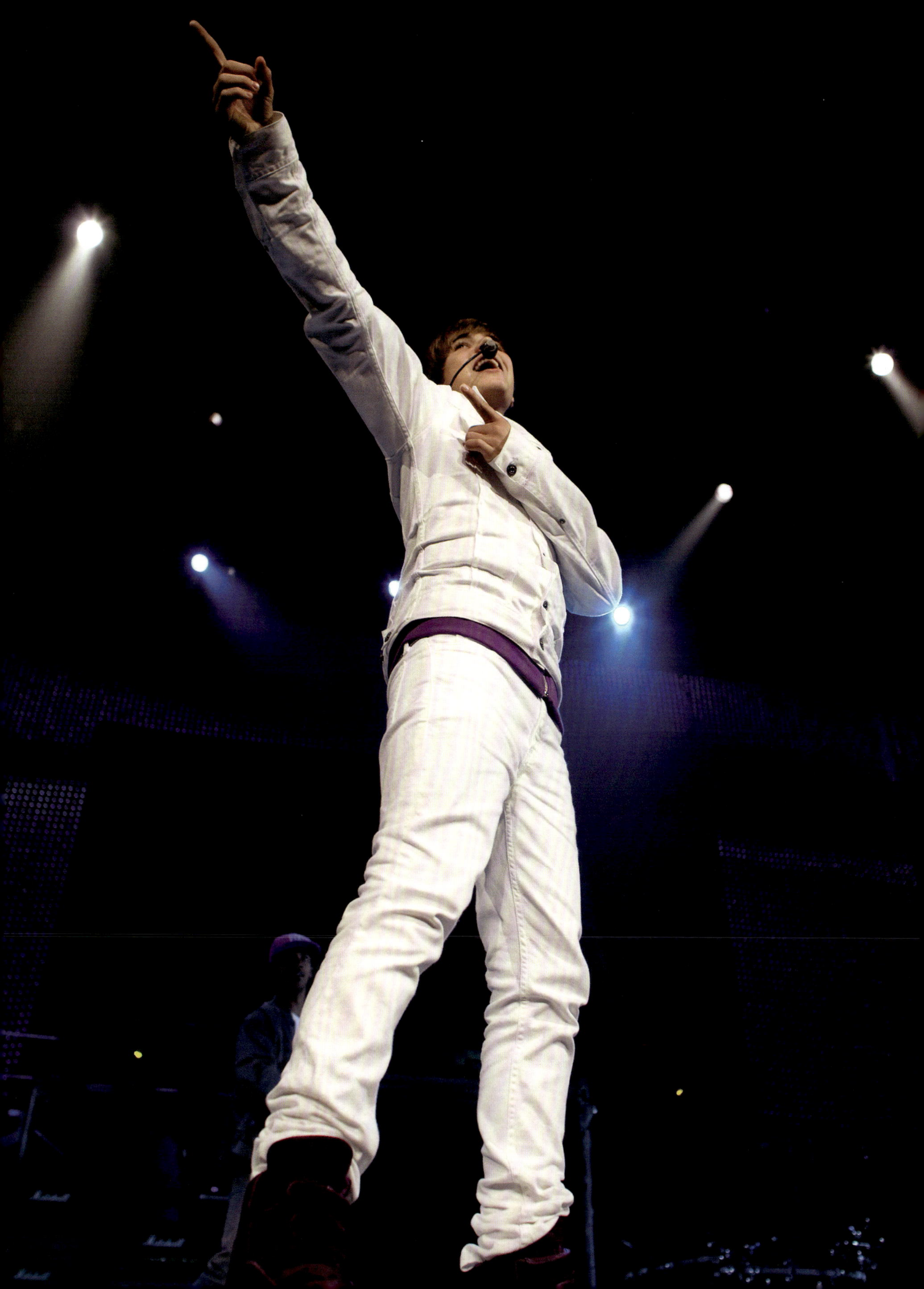

"Ses mots m'ont touché. Je savais dès lors que je m'étais fait un ami pour la vie."

Mais je crois qu'il m'aimait bien, parce qu'il voulait signer quelque chose avec moi. On a passé le reste de l'après-midi ensemble, à regarder le basket (March Madness). Timberlake avait et a toujours un talent incroyable. Je suis son exemple et continue à étudier sa carrière. Qu'il voulût faire un disque avec moi, un gosse d'une petite ville du Canada, cela me paraissait irréel. Et Usher voulait aussi de moi.

Je n'arrivais pas à croire que les choses avançaient enfin. J'avais presque peur d'y croire. La seule fois où j'ai éprouvé à peu près les mêmes sentiments, c'est le jour où j'ai fait du saut à l'élastique du haut d'un pont, en Nouvelle-Zélande, il n'y a pas si longtemps. Il a fallu du temps pour arriver là, mais, au dernier moment, j'étais là. Debout. Prêt. Je n'avais aucune idée de ce qui allait se passer, mais je savais que ce serait génial.

Ainsi, maman et moi, nous nous sommes rendus à Atlanta, une seconde fois. Usher nous avait réservé une chambre dans un hôtel de luxe, qui ne ressemblait à rien de ce que j'avais connu jusque-là. Il y avait un téléphone dans les toilettes et un coffre dans un tiroir. Le frigo était rempli de tout ce que les gamins aiment manger, et il y avait un énorme panier de jouets dans ma chambre. J'en ai retiré un Rubik's cube et je l'ai résolu en trois minutes à peine (il y a un truc). Quand je l'ai passé à Usher, il a regardé Scooter en disant :

– Mais c'est qui, ce gosse ?

"Je fais confiance à Usher."

Lorsque Usher vous parle personnellement, il a une voix très douce, mais il est très intense, et ses yeux ne vous quittent pas une seconde. Il nous a tenu, à maman et à moi, un discours passionné, qui avait beaucoup de sens.

– Si vous êtes un astronaute et si vous allez sur la Lune, vous n'avez pas beaucoup de personnes avec qui partager cette expérience. Eh bien, je suis comme un astronaute. J'ai été sur la Lune. Je peux vous y emmener avec mes mots et vous redescendre en toute sécurité. Aujourd'hui, je prends du recul et je vois tout cela se dérouler à nouveau. Ces moments sur scène à vous couper le souffle… Même les obstacles, je me ferai un plaisir de les contempler. Cela dit, je peux vous aider, parce que j'ai déjà traversé tout ça. Je me suis tenu sur les épaules de géants, qui étaient pratiquement des pionniers. Et toutes mes expériences, je tiens à les partager. Je veux partager tout ça avec vous et vous aider à réaliser de grandes choses.

Ses mots m'ont touché. J'ai su dès lors que je m'étais fait un ami pour la vie. On a choisi Usher. Je suis le mec le plus chanceux au monde de l'avoir à mes côtés.

Scooter et Usher se sont associés pour guider ma carrière. Scooter peut me dire pas mal de choses, et je lui fais confiance, mais il ne sait pas ce que c'est pour moi que de vivre sous les projecteurs, alors que Usher sait de quoi je parle.

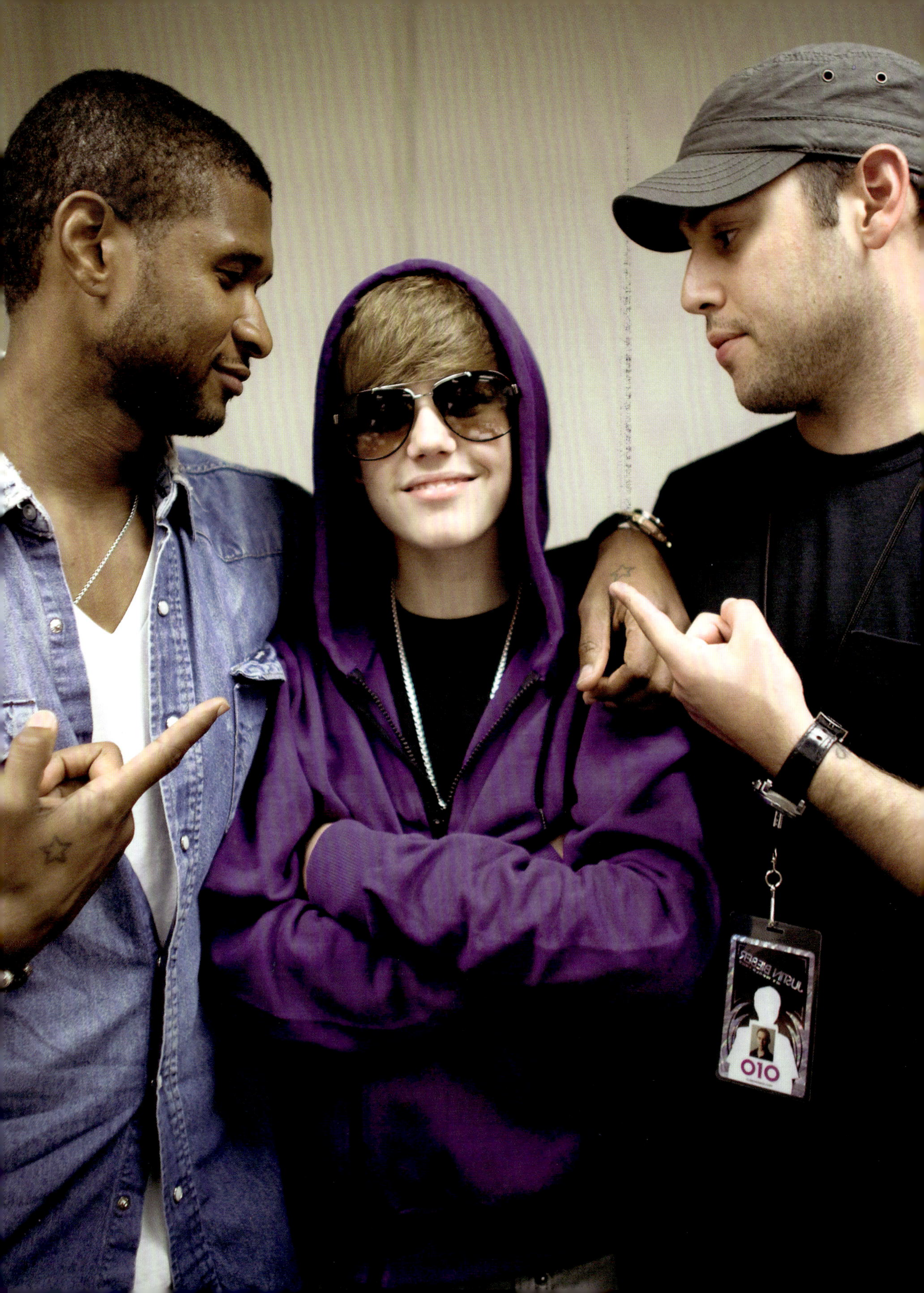
010

L'AVENTURE AVEC UN GRAND A

Lorsque Usher s'exprime, on l'écoute. Il a appelé celui qui a lancé sa carrière, L.A. Reid, le PDG d'Island Def Jam Music Group. Ce type a lancé Mariah Carey, Pink, Avril Lavigne, TLC, Outkast, Toni Braxton et beaucoup d'autres lauréats des Grammy Awards. Une vraie légende.

En avril 2008, maman et moi, nous nous sommes rendus à New York pour voir Usher et Scooter : je savais que ce serait un des moments les plus importants de ma vie. Signer un album avec Island Def Jam, c'était le Saint-Graal. Un vrai début. Je devais m'empêcher de trop y penser pour ne pas perdre la tête.

J'avais vu le film *August Rush* quelques jours plus tôt et j'avais adoré le moment où le garçon joue de la guitare de manière originale : l'instrument à plat, en s'en servant comme si c'était à la fois une guitare, une batterie et un piano (allez voir ça sur YouTube, c'est incroyable !). J'ai concentré toute mon énergie pour essayer de faire la même chose. Le jour de la rencontre, je ne pouvais pas rester en place. Je m'entraînais à jouer de la guitare comme ça et Scooter a filmé une vidéo de moi, pour la mettre sur YouTube et la montrer à mes fans.

justinbieber Waouh ! Ça, c'est le jour où j'ai signé il y a deux ans. Je leur serai toujours très reconnaissant.

2.53 PM 13 avril via web

Dans la voiture, je tapais sur mes cuisses et je chantonnais en faisant des mauvaises blagues, à rendre ma mère complètement folle. Enfin, ce fut l'heure d'entrer dans le bureau de L.A. Reid avec Chris Hicks, de Def Jam, un homme qui allait jouer un rôle très important dans ma carrière et qui m'a toujours soutenu. Le bureau de L.A. ressemblait à une cathédrale – s'il pouvait y avoir des cigares dans une cathédrale! Le mur était recouvert de photos illustrant l'histoire de la musique : lui, riant avec Stevie Wonder et Lionel Ritchie, lui aux Grammy Awards avec toutes les stars l'une après l'autre, lui, serrant la main du président Obama. De grandes fenêtres avec une vue extraordinaire sur New York. Les sofas étaient aussi blancs que des touches de piano. J'avais peur de m'y asseoir.

L.A. a un charme d'une douceur étonnante, sûrement unique au monde. Son costard de couturier était si bien coupé qu'il en était aveuglant. Il m'a dit :

– Entrez, enchanté de faire votre connaissance.

Il s'est assis derrière son bureau, qui était plus large que la voiture de grand-papa. Scooter et Usher ont écarté les chaises, je me suis mis au milieu de la pièce avec ma guitare, et j'ai chanté quelques morceaux. Scooter a dit :

– Fais ton truc à la *August Rush.*

Je me suis exécuté, puis j'ai attendu.

Finalement, L.A. s'est écrié :

– Waouh!

Il a décroché son téléphone et passé quelques coups de fil. En moins de trente secondes, six autres personnes étaient là, assises sur les canapés.

– Recommence, m'a-t-il dit. Et vous imaginez bien que c'est ce que j'ai fait.

On a remercié tout le monde. Tout le monde nous a remerciés. Ils ont quitté la pièce. Puis, on est parti. J'imagine que si la vie était un film, le réalisateur dirait : « Coupez, coupez, coupez. » Il doit bien y avoir plus que cela. Où est la tension dramatique ? Le grand moment ? Mais ça ne se passe pas comme ça. En réalité, on se rend à ces rendez-vous, puis on rentre chez soi et on attend, on attend… et on attend encore que le téléphone sonne pour savoir si on a fait un pas en avant ou non.

Maman et moi, nous sommes rentrés à Stratford, sursautant chaque fois que le téléphone sonnait, et finalement – enfin ! – on a eu la merveilleuse nouvelle qu'on attendait. Island Def Jam voulait signer avec moi. J'étais au septième ciel, mais Scooter m'a dit :

– Calme-toi. C'est énorme, mais on doit encore travailler pas mal sur les détails avant de célébrer l'événement.

Il faudrait un autre livre entier pour expliquer l'aspect business

"Island Def Jam voulait signer avec moi. J'étais au septième ciel."

de toute l'affaire, mais Scooter voulait que je comprenne, alors il m'a fait la description détaillée de tout le processus. Peu importait si je m'endormais, tapais du pied, ou si je me morfondais d'ennui, il voulait que je sache ce qui se passait. Il n'y avait qu'une chose que je tenais à savoir :

– Est-ce que j'aurai droit à un bus pour faire ma tournée ?

– En temps et en heure, a répondu Scooter. Il est certain que j'envisage une tournée dans l'avenir.

– Oui ! Est-ce qu'il y aura une XBox dans le bus ?

Scooter s'est mis à rire :

– C'est ça, le rêve !

Tous les papiers furent bientôt en ordre. Maman et moi, nous nous sommes rendus à Atlanta. Le soir où on a signé le contrat avec Def Jam, Scooter nous a emmenés chez Straits, ce restaurant qui appartient à Ludacris. L'autre artiste de Scooter, Asher Roth, et son ami Boyder étaient présents et n'arrêtaient pas de se moquer gentiment de moi, parce que je portais un toast avec un soda, alors que tout le monde carburait au champagne. Asher marchait plutôt bien sur la scène rap, il était la star qui montait, dont tout le monde, même Eminem, parlait. Il disait des trucs du genre :

– Je vais garder un œil sur toi, frère. Je ne veux pas que tu dépenses plein de tunes pour faire le beau. Il faut rester humble.

– C'est cool, Asher. Je me contenterai d'avoir des gens qui me suivent partout, en lançant des pétales de fleurs.

"Il n'y avait qu'une chose que je voulais savoir : 'Est-ce que j'aurai droit à un bus avec une XBox pour faire ma tournée ?'"

Scooter a demandé à la cuisine de nous préparer un énorme gâteau au chocolat, et lorsqu'il est arrivé, il s'est levé et a annoncé à toute la salle : « Hé, tout le monde ! Puis-je peux avoir votre attention ? Ce jeune homme vient de signer un disque avec Island Def Jam ! » C'était à Atlanta, le centre musical de l'univers, dans le restaurant de Ludacris. Tous ceux qui étaient présents savaient ce que cela représentait. Toute la salle s'est mise à applaudir. C'était plutôt embarrassant – comme quand les serveurs arrivent en chantant « Joyeux anniversaire ! » –, mais, après tout ce que nous avions traversé ensemble, c'était un grand moment. On était vraiment devenus une famille. Ainsi, l'idée de quitter Stratford était un peu moins dure. Maman et moi, nous sommes rentrés et nous avons commencé à planifier notre déménagement à Atlanta. Ni l'un ni l'autre, nous ne pouvions croire à ce qui était en train de se passer. Et on ne pouvait qu'imaginer ce qui allait se passer par la suite.

J'étais impatient de commencer. J'occupais mon temps à écrire des chansons et à jouer de la musique, pressé de me trouver dans un studio d'enregistrement, avec cette sensation qu'on a au creux du ventre lorsqu'on s'apprête à faire un saut à l'élastique du haut d'un pont. Vos vrais amis vous diront : « Mec, c'est génial ! » D'autres vous regarderont comme si vous étiez un idiot et vous avertiront que les choses risquent de tourner au vinaigre. Et ceux qui sont les plus aigris souhaiteront que la corde se brise et que vous vous fracturiez le crâne.

Mais, comme dit Scooter, c'est leur vie, pas la vôtre.

"J'étais impatient de me trouver dans un studio d'enregistrement."

UN GRAND DÉMÉNAGEMENT

J'ai passé un dernier été à jouer devant le théâtre d'Avon et je suis entré en troisième au collège de Northwestern, attendant toujours ma poussée de croissance et rivalisant avec les athlètes de terminale, les Goliaths.

Maman s'est occupée de tous les papiers pour s'installer aux États-Unis depuis le Canada, ce qui est bien plus compliqué que ça en a l'air. Elle a vendu tous nos meubles, et on a emménagé avec mes grands-parents, ce qui était plus amusant pour moi que pour maman et grand-maman. Beaucoup de tensions !

Les semaines se sont changées en mois. C'était sûrement ce qu'il y avait de plus difficile dans tout ça : attendre. Et encore attendre. Puis tout s'est enfin mis en place. On a dit au revoir à mes grands-parents et à nos amis et on s'est envolés pour Atlanta, n'emportant rien d'autre que nos vêtements et ma guitare.

Carin et Scooter ont cherché un endroit dans le quartier d'Asher. Ils ont trouvé une maison à une rue de la sienne : comme ça, on pourrait se voir souvent. Tout s'est fait à la dernière minute et Scooter, pour accélérer le mouvement, a signé le bail à son nom afin de ne pas laisser filer la maison.

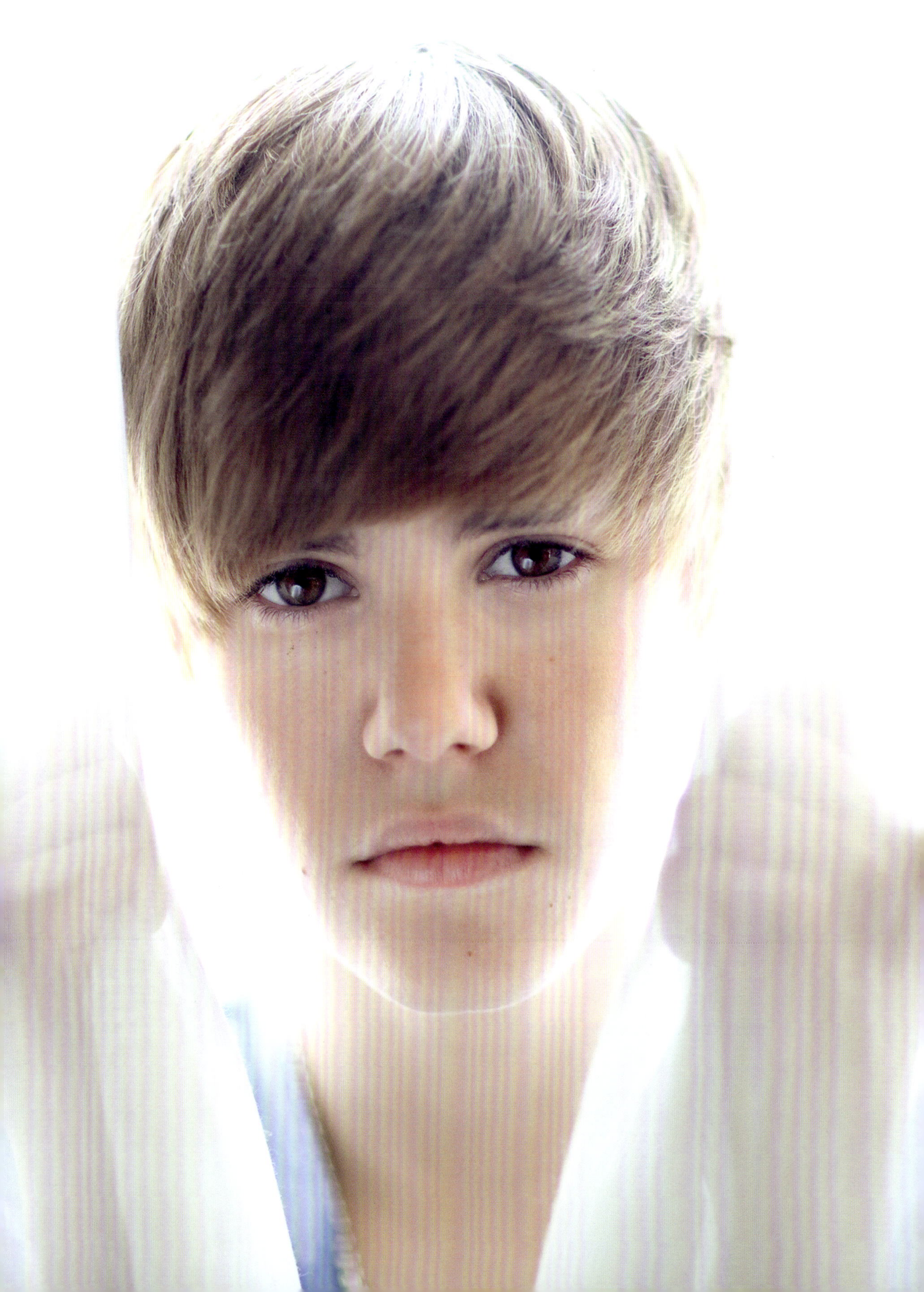

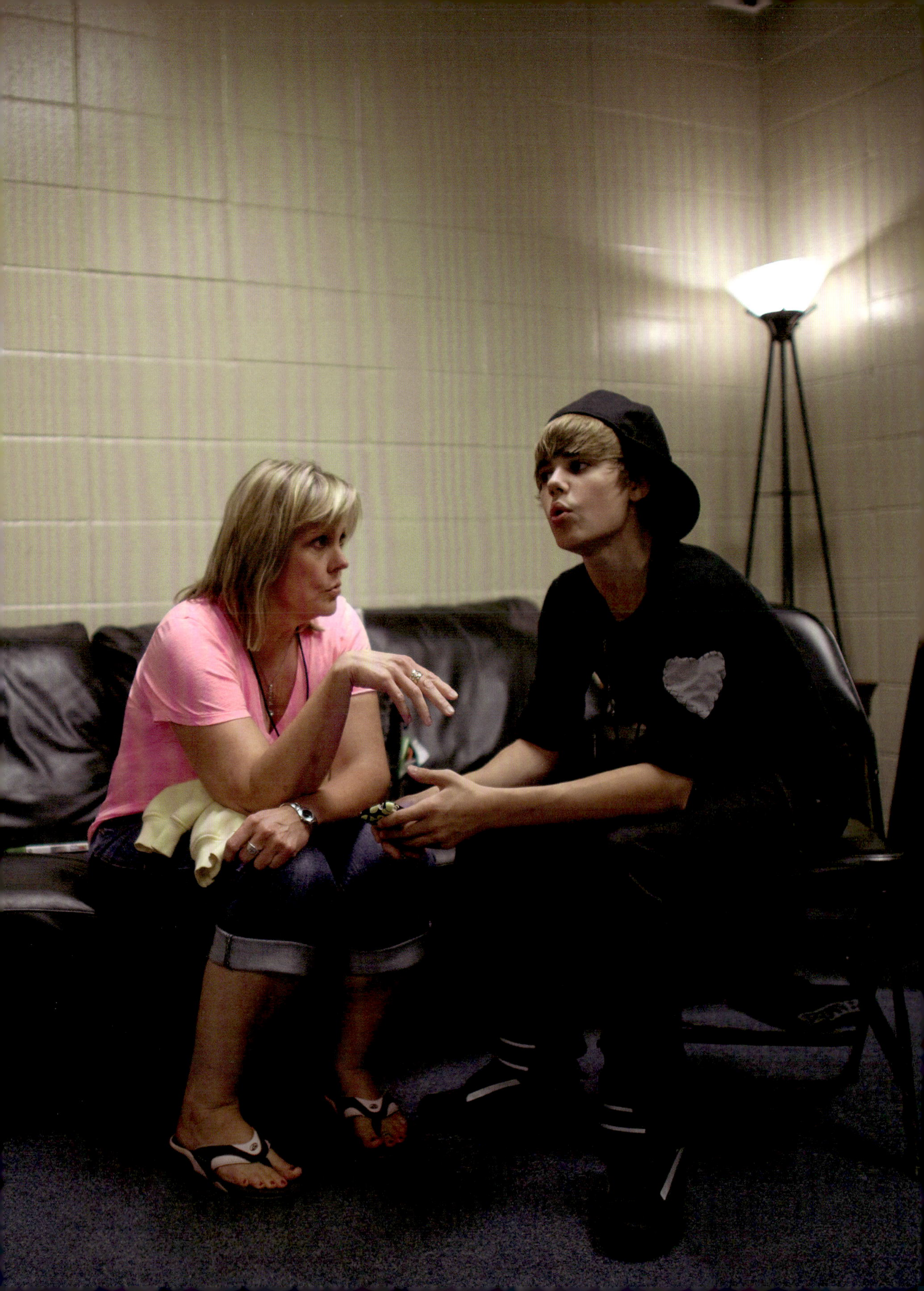

"Mama Jan est devenue une des personnes les plus importantes de ma vie."

Il était maintenant temps de nous mettre au travail.

Usher m'a fait rencontrer Jan Smith – Mama Jan –, qui est également son professeur de chant. Elle ne s'occupe que des plus grands, mais elle a accepté de me voir, parce qu'Usher a plaidé ma cause. C'est une des personnes les plus adorables au monde ; elle est comme une seconde mère pour nous et elle est devenue une des personnes les plus importantes de ma vie.

Une question qu'on me pose souvent : est-ce que ma carrière prendra fin si ma voix change ?

– Il n'y a aucune raison, a dit Jan dès le départ. La puberté, ça arrive. On parviendra à passer ce cap.

Je ne suis pas inquiet. Elle a aidé Usher sur ce point. Et elle l'a fait revenir, alors qu'il avait complètement perdu sa voix. Scooter dit qu'elle est notre « ingrédient secret ».

La personne suivante à rejoindre notre petite famille, ce fut Jenny, ma tutrice : je n'avais que 14 ans, et il y avait des lois très strictes concernant le nombre d'heures où j'étais autorisé à travailler. Jenny est employée par la School of Young Performers, qui est spécialisée dans l'enseignement à domicile des enfants travaillant dans l'industrie du divertissement. Chris Brown, Rihanna et bien d'autres ont bénéficié de la formation de cette école.

Jenny et moi, on s'entend plutôt pas mal... plutôt bien, c'est ça. Holà, Jenny ! Elle s'assure que je fais bien tous mes devoirs et je ne lui joue un tour qu'une fois par mois. C'est difficile de m'en empêcher, parce qu'elle est très gentille et qu'elle croit tout ce que je dis, ce qui facilite la tâche au farceur que je suis.

Le 1er avril, je lui ai dit :

– Hé, Jenny, si on faisait une expérience scientifique ?

– Bonne idée, a-t-elle répondu. Allons-y.

– J'ai lu que si on met du sel sur du beurre, il chauffe. Et on peut même le sentir.

– Vraiment ? Je n'ai jamais entendu parler de ça.

J'ai donc posé un morceau de beurre sur une assiette et j'ai lentement déposé dessus une cuillère de sel.

– OK. Maintenant, il faut attendre soixante secondes.

J'ai compté les secondes avec précision, puis j'ai mis ma main au-dessus du beurre.

– Oh, c'est incroyable ! On peut vraiment le sentir. Waouh ! Vas-y, teste !

Jenny a mis sa main au-dessus de l'assiette de beurre, et, rapidement, avant qu'elle puisse réagir, j'ai poussé sa main dans le plat et écrasé le beurre. C'était vraiment drôle. Faire des blagues ou aller à l'école ? Je préfère faire des blagues. Ne m'en veuillez pas... je ne suis qu'un ado.

justinbieber À L'ÉCOLE !!! Elle pense que je suis en train de faire mes devoirs. Lol.

11:51 AM 12 février via web

justinbieber Je me suis fait prendre. L'éducation avant tout.

12.13 PM 12 février via web

COMMENT ÇA MARCHE

On ne savait pas trop si j'étais prêt à aller en studio pour enregistrer mon premier single. Usher pensait que ma voix était un peu sèche et qu'il me fallait passer plus de temps avec Mama Jan, mais, Scooter et moi, on bouillait d'impatience : ma puberté allait arriver et je risquais d'avoir de la barbe avant que quoi que ce soit ne fût enregistré.

Scooter connaissait une femme du nom de Tashia, qui travaillait avec lui sur certains projets, l'aidant à organiser les productions et à réduire les frais. Mais Tashia possédait également son propre studio, avec Lashaunda « Babygirl » Carr. Asher Roth y avait travaillé plusieurs fois et l'aimait beaucoup.

Scooter a dit à ma mère et moi :

– Je pense que ce serait un bon endroit pour Justin, sur le plan créatif. Ce n'est pas intimidant et il n'y a aucune mauvaise influence.

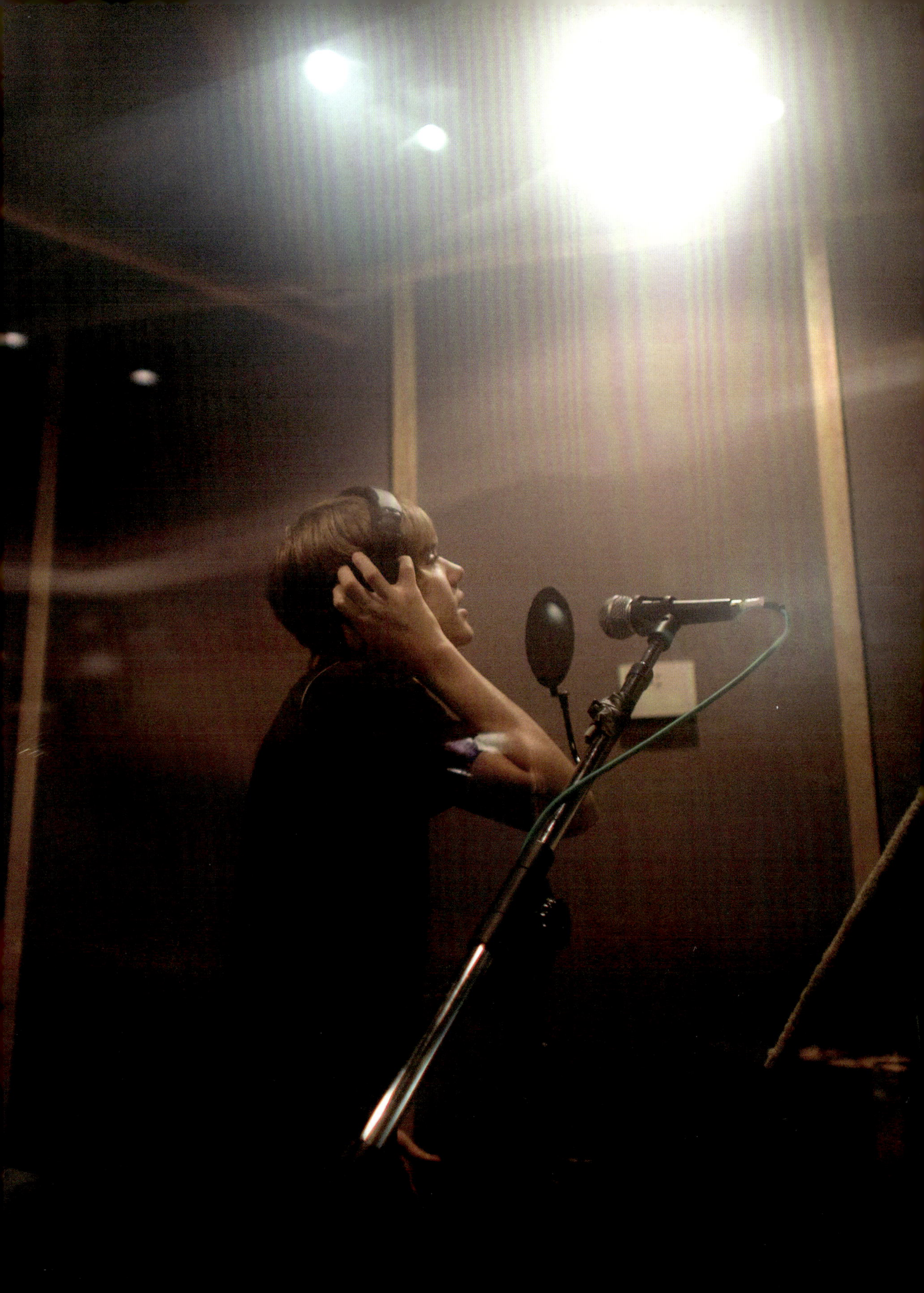

Maman aimait bien cette idée, et j'aimais bien leur musique. Un morceau en particulier me semblait parfait pour moi. Ils nous ont joué *Common Denominator* et Scooter a dit :
– C'est cette chanson-là qu'il nous faut.

Out of all the things in life that I could fear,
The only thing that would hurt me is if you weren't here,
I don't want to go back to just being one half of the equation

Sans réel budget, sans plan, sans même un album en chantier, je me suis jeté à l'eau et j'ai enregistré cette chanson. C'est là que je me suis rendu compte que j'adorais passer du temps dans un studio. Le soir où on a terminé, Carin allait me reconduire chez moi, mais, finalement, on a fait le tour d'Atlanta en voiture, en écoutant ma chanson, encore et encore. On s'est arrêtés pour prendre une glace, mais je crois qu'on est restés dans la voiture jusqu'à 3 heures du matin. Jusqu'à maintenant, c'est la chanson préférée de Carin. Mais ça me rendait malade de ne pas pouvoir la faire écouter au monde entier. On devait vraiment étudier une manière stratégique de lancer mon single sur le marché.

Mama Jan organisait un spectacle pour ses élèves environ deux fois par an, à Eddie's Attic, là où John Mayer a été découvert.

> "Je n'ai jamais travaillé aussi dur de ma vie."

Mama Jan m'a invité à y chanter. Alors, à la fin du programme, après tous ces élèves qu'elle coache depuis des années, je suis monté sur scène et j'ai interprété *Common Denominator*. Quand j'ai eu terminé, tout le monde s'est levé. J'étais sous le choc – la vidéo est sur YouTube, regardez la tête que je fais ! Scooter a envoyé *Common Denominator* à L.A. Reid, puis à Usher, à tout le monde, enfin, en disant :

– Il est temps d'enregistrer.

Et ils sont tous tombés d'accord. Généralement, les artistes enregistrent environ dix chansons, sortent un album et, l'année suivante, en produisent un autre. Scooter et L.A. voyaient plutôt une dizaine de chansons et des pistes bonus, qu'on diviserait en deux albums – *My World* et *My World 2.0* –, en les sortant à quatre mois d'intervalle seulement. On s'est plongés dans l'enregistrement. Je n'ai jamais travaillé aussi dur de ma vie – et je ne me suis jamais autant amusé.

Un soir, Scooter me reconduisit chez moi. J'adorais la musique qu'on était en train d'écouter. C'était le squelette d'une chanson – comme une démo que l'auteur compositeur enregistre pour vous donner une idée générale de ce que cela peut donner.

– C'est génial, ai-je dit à Scooter. C'est qui, ce mec ?

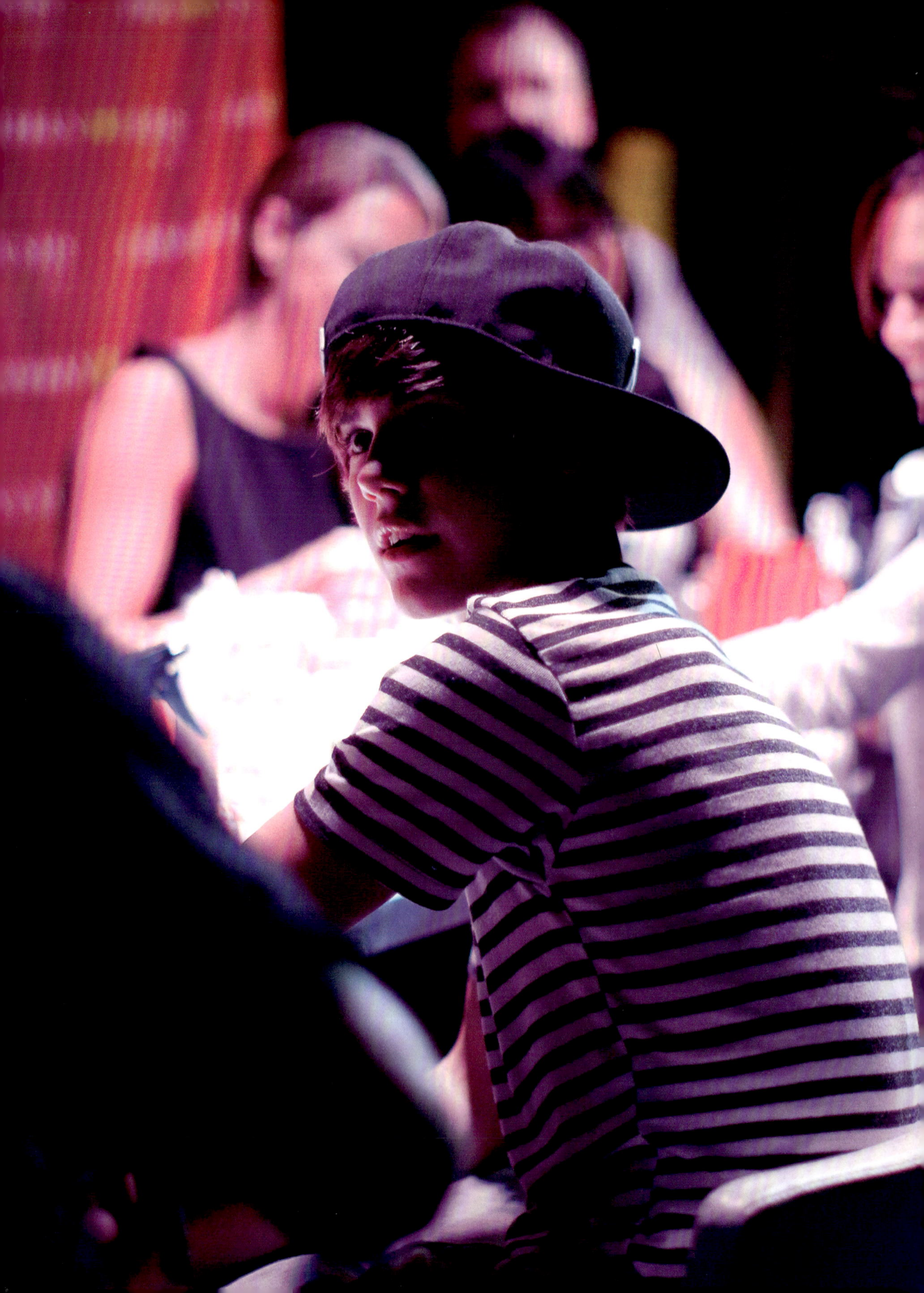

– C'est Adonis. C'est un auteur compositeur. C'est aussi un artiste, mais il écrit pour les autres.
– Cool, cool. Et il l'a écrite pour qui, celle-là ?
– Pour toi.

J'étais sous le choc. Sans voix. Parce que, me suis-je dit, si j'essaie de parler, je vais me mettre à bafouiller. Pour moi, tout ça, c'était encore nouveau. Et à l'idée que toutes ces personnes écrivaient des chansons pour moi… j'étais submergé par l'émotion. Aujourd'hui encore je ressens cela, quand quelqu'un d'important dans la musique, quelqu'un que j'admire, veut travailler avec moi. J'en suis tellement content ! J'espère ne jamais perdre ces sensations. Scooter a mis le son un peu plus fort et, en arrivant devant chez moi, il a continué à rouler, pour qu'on puisse l'écouter plus longtemps.

Overboard…

Je ne pouvais pas croire que cette chanson était la mienne. On a travaillé dessus, je trouvais ça fantastique. Plus tard, on en a fait un enregistrement avec Jessica Jarrell, et c'était encore mieux. Nous avions enfin dix chansons enregistrées, dont *One Time*, *Down to Earth*, et *One Less Lonely Girl*. Je ne peux pas vous dire lesquelles je préfère : je suis fier de chacune d'elles.

Il était temps, alors, de retourner voir L.A. Reid et de le persuader de nous soutenir et de lancer efficacement *My World*.

CHAPITRE 6

BIENVENUE DANS MON MONDE

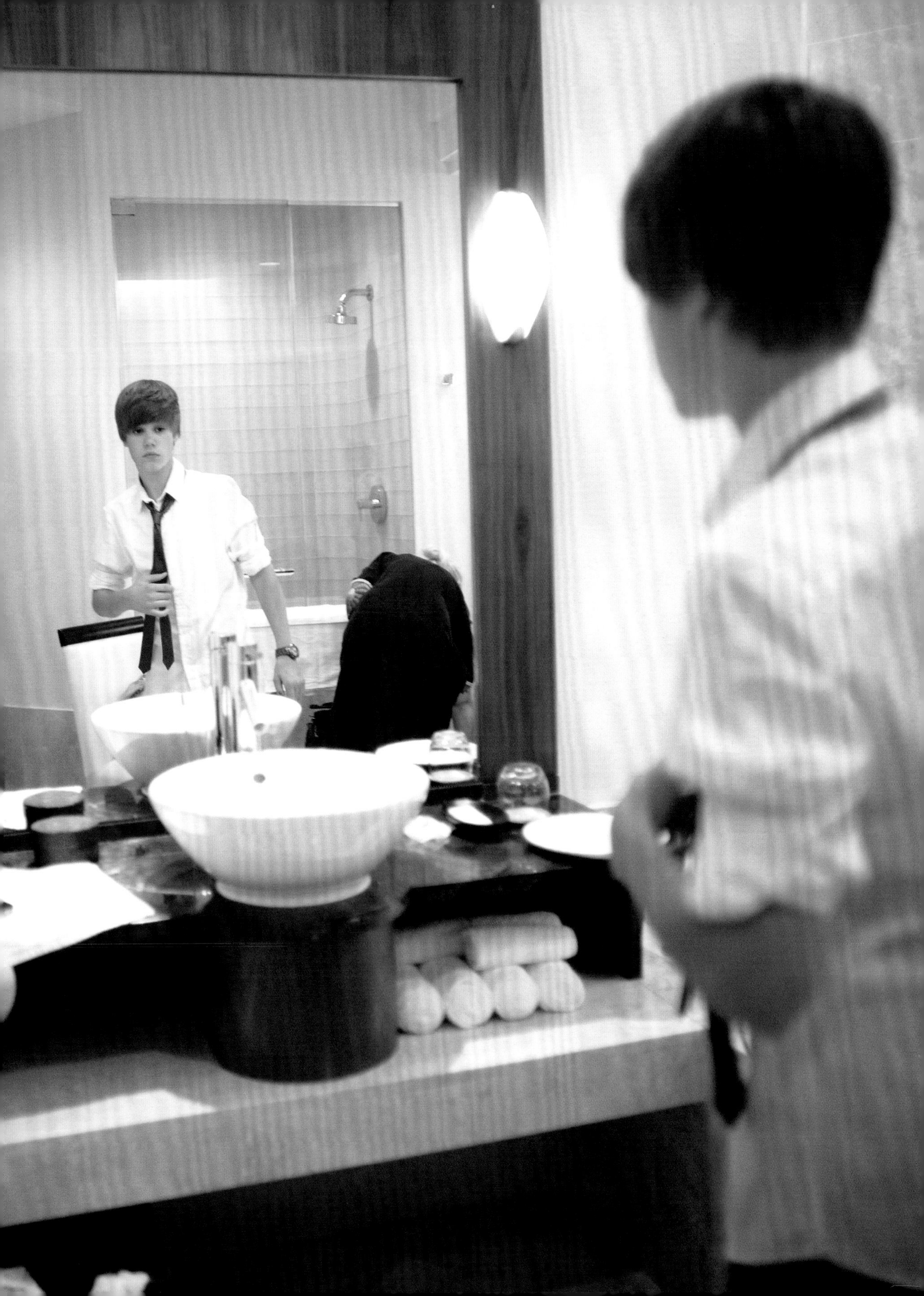

En janvier 2009, Scooter se rendit à Los Angeles pour les Grammy Awards. Il s'arrêta d'abord au Beverly Hills Wilshire, pour rendre visite au producteur L.A. Reid, dans son bungalow.

– C'est quoi un bungalow ? lui ai-je demandé au téléphone.

– Un jour, jeune Padawan, tu connaîtras le bungalow.

– D'accord, mais raconte-moi ce qui s'est passé.

– Bon, pour commencer, une de ses employées m'a conduit à son bungalow – imagine avoir ta propre maison à l'intérieur d'un grand hôtel. Eh bien, cette fille me dit : « Je suis drôlement fière que ça vous arrive, à vous, parce que vous êtes une bande de chics types…, mais il faut que vous compreniez. L.A. est un homme de musique. Chaque année, il fait venir ses enceintes audio par avion à Los Angeles, pour qu'on les lui installe dans son bungalow. Si vous parvenez à lui faire écouter trois singles, c'est incroyable. S'il n'en écoute qu'un seul, ne vous vexez pas, surtout. » Comme j'acquiesçais, elle a ajouté : « Combien comptez-vous en passer ? » Je lui ai répondu : « Dix. » Elle a rétorqué : « Vous n'en passerez pas dix. Choisissez les trois meilleurs. » J'ai dit : « OK. »

– Attends ! m'écriai-je, totalement perdu. Trois ? Lesquels tu as passés ?

– Les trois meilleurs.

– Oui, mais les…

– Toi, écoute-moi bien ! Je ne m'attendais pas à l'entendre déclarer : « Tiens, voilà un tube ! »

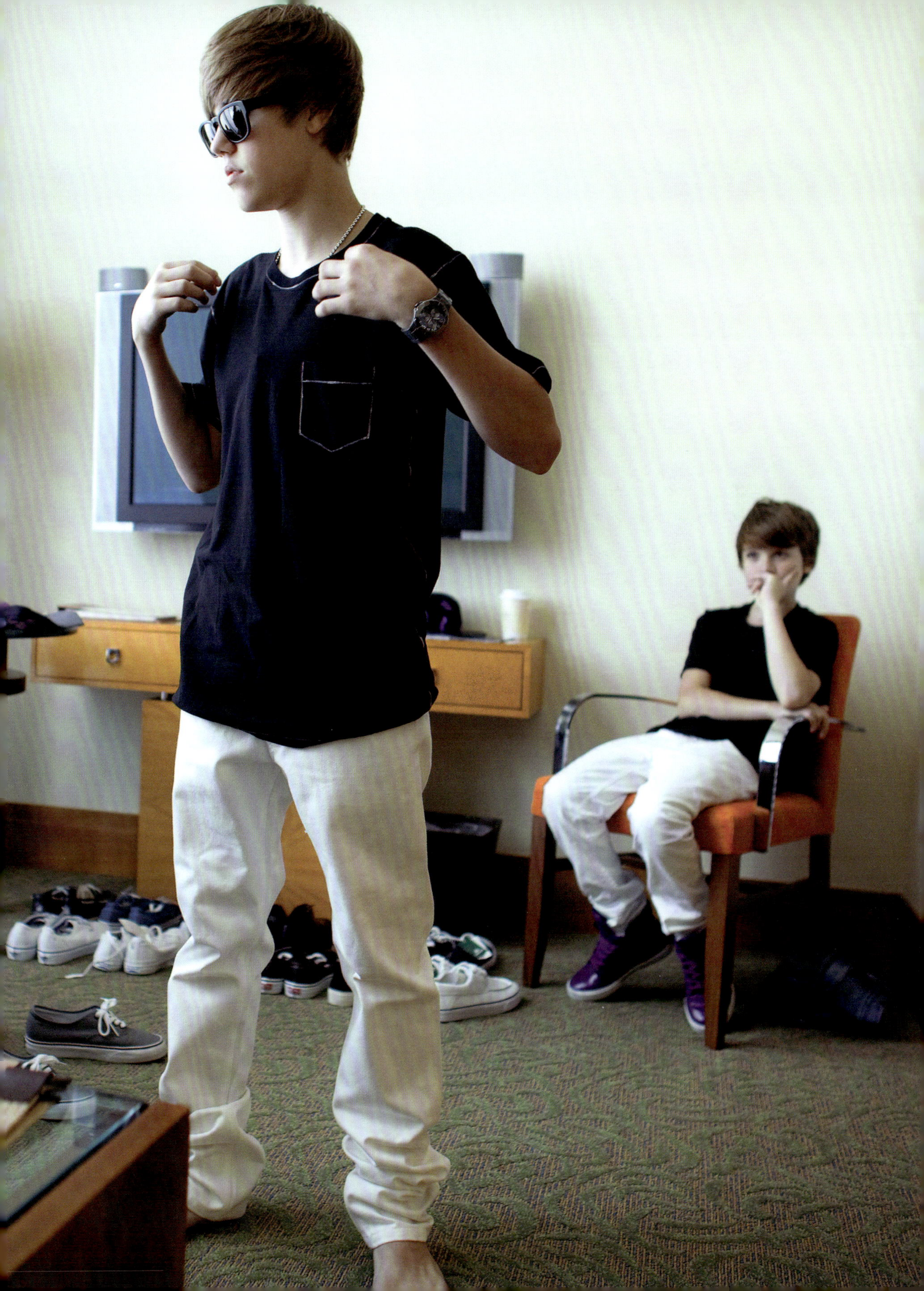

– Trois… Lesquels ? insistai-je.

– Qu'est-ce que ça peut faire ? Il les a écoutés tous les dix. Et il les a réécoutés !

– Il a écouté les dix chansons deux fois ?

– Oui… deux fois !

– Ça alors ! Et qu'est-ce qui se passe maintenant ?

– Tu vas prendre l'avion dès demain et tu vas me rejoindre pour vendre notre idée avec moi !

Et je me suis retrouvé sur le canapé blanc, à écouter ma musique en compagnie de L.A. Reid. Incroyable ! Il a interrogé Scooter sur ses intentions. Scooter a demandé un petit budget, pour produire un clip. Asher Roth avait cartonné sur Internet, au cours de l'année écoulée, avec son album, qui était resté dix jours d'affilée en première position sur iTunes et à la cinquième place du Top 100 du classement américain. L.A. a demandé à Scooter s'il pensait que j'arriverais au même niveau.

– Il l'a déjà dépassé, mais vous ne vous en êtes pas encore aperçu. Ce gamin est comme un géant endormi.

On a appelé Usher, pour qu'il nous aide avec le clip *One Time*. On m'y voit faire la fête chez lui. Pour le tournage, on a fait venir à Atlanta mon meilleur ami, Ryan « Butsy » Butler. Le reste du casting était composé de filles super sympas – j'ai dit super canon ? – de notre âge. Elles ont dansé, lancé des confettis et nagé en Bikini.

> "Ce gamin est comme un géant endormi."

– C'est trop ! soupira Ryan qui n'en revenait pas.

– Cool, mon pote, c'est pas encore gagné.

Le clip fut une réussite, et le tournage à la hauteur. On projetait de le mettre sur iTunes, un mardi matin, quelques semaines après la sortie du single. Plusieurs jours auparavant, des bannières promotionnelles devaient annoncer la nouvelle vidéo d'un nouvel artiste – où figurait Usher. Un bon plan, non ?

Mais ce n'est pas ainsi que cela s'est passé. À la suite d'un cafouillage, *One Time* a été mis sur iTunes deux semaines avant la date, un vendredi soir en fin de soirée, sans bannières ni page promotionnelle… Nada ! Il fallait ouvrir iTunes et chercher Justin Bieber pour voir s'afficher l'icône du clip. Sinon, vous ne vous seriez même pas douté qu'il y en avait un. Et, comme il était invisible, personne n'allait le voir.

Scooter était furieux à faire peur. Il a envoyé un mail incendiaire à tous les participants, et ils lui ont tous répondu qu'ils étaient désolés. Il s'est calmé un certain temps – ce qui ne lui ressemble pas –, puis il m'a souri, en disant :

– Je ne suis pas vraiment en colère. On va se servir de cette erreur à notre avantage. Les gamins vont le trouver.

Nous venions tout juste de créer mon profil sur Facebook.

JUSTIN BIEBER // DE MON PREMIER PAS VERS L'ÉTERNITÉ

On a posté un message. Deux semaines plus tôt, on s'était mis sur Twitter. Ce jour-là, j'ai envoyé mon premier tweet :

justinbieber Allez écouter mon single *ONE TIME* sur MySpace et faites tourner. Merci.

10:27 PM 11 mai via web

Je me suis connecté et je me suis pris à twitter comme un malade. Je me suis lié d'amitié avec tous mes suiveurs, ainsi qu'avec leurs amis. Je répondais et retwittais et commentais... Ce va-et-vient continuait, tant et si bien que le cercle s'élargissait de plus en plus.

Le lundi matin, *One Time* s'était classé au troisième rang sur le palmarès d'iTunes, devant des chanteurs hyper célèbres dans le monde entier. C'était hallucinant ! On avait réussi. On avait prouvé qu'on pouvait y arriver.

Mardi matin, il était numéro deux derrière Taylor Swift. Jamais vous ne m'entendrez me plaindre d'être derrière Taylor Swift. Elle m'a soutenu depuis le début, et c'est une amie formidable.

Mercredi, jeudi, vendredi : il n'avait pas bougé.

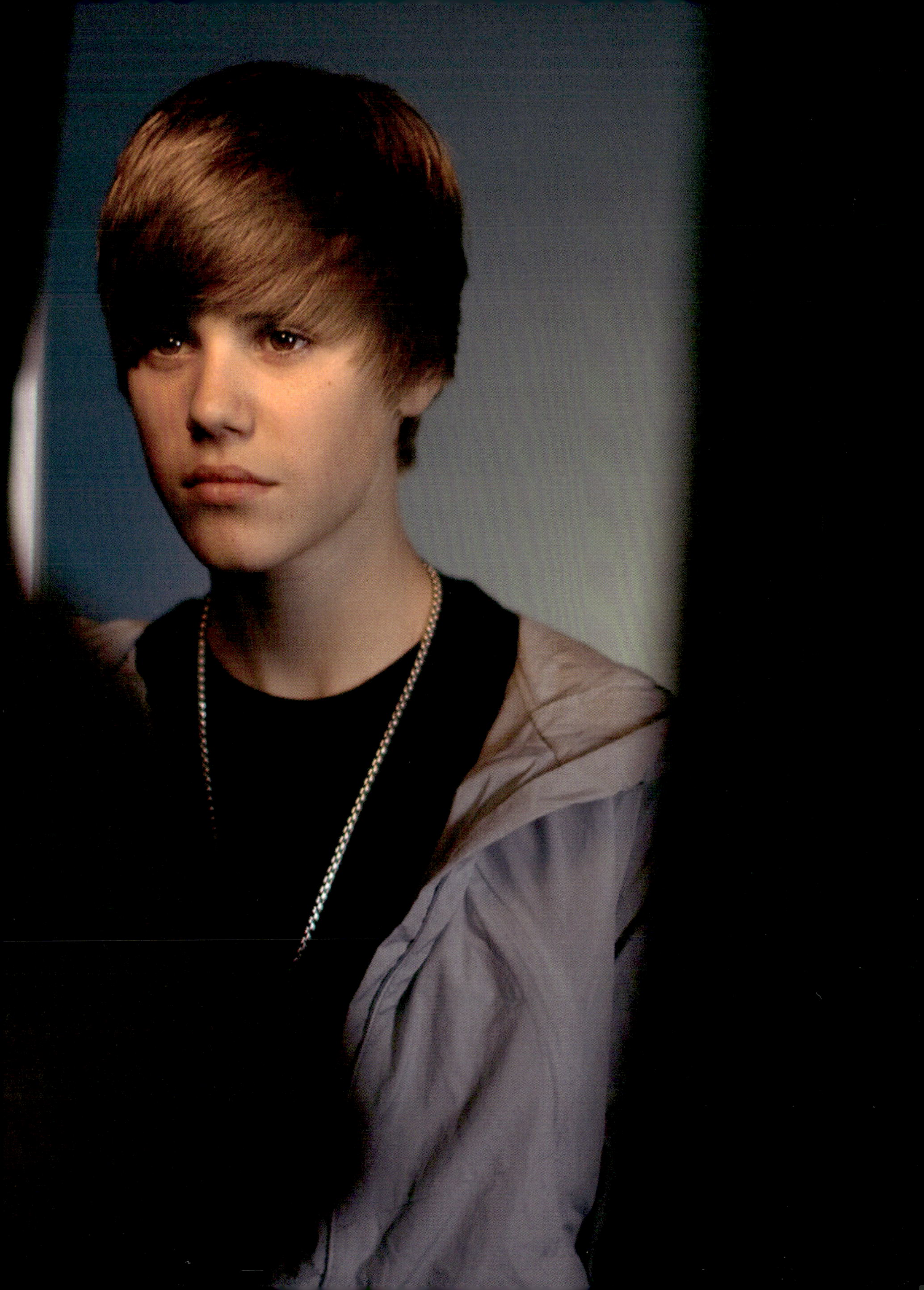

"Si je peux faire seulement un dixième du bien qu'a fait Michael Jackson, alors, je crois que ma vie sur terre n'aura pas été inutile."

Et la semaine suivante… le « King » en personne, Michael Jackson, est mort. Quelqu'un m'a envoyé un texto. Avec la sensation qu'on m'avait donné un coup de poing dans le ventre, j'ai écrit un sms à Scooter : « C'est vrai que Michael Jackson est mort ? »

Scooter m'a répondu que les gens colportaient des rumeurs sur Michael. Il ne pouvait pas être mort. Pourtant, c'était la vérité. On l'a annoncé aux nouvelles. Il n'y avait plus que cela sur Internet.

J'étais bouleversé. Une de mes idoles, mon inspiration, n'était plus là ! Bien sûr, tout ce qu'il avait enregistré a grimpé tout droit au sommet du palmarès d'iTunes, pour la simple raison qu'il est le « King », ce qui signifie que tous les autres sont passés à la trappe pendant des semaines. *One Time*, le single, se maintint au quatorzième rang, se classant parmi le Top 20, avec quelques grands noms et les chansons de Michael Jackson qui faisaient partie de la bande-son de toute ma vie. C'était une curieuse sensation. *One Time*, le clip vidéo, resta parmi le Top 10 avec Taylor et les clips incroyables de Michael, un des plus grands artistes de notre temps.

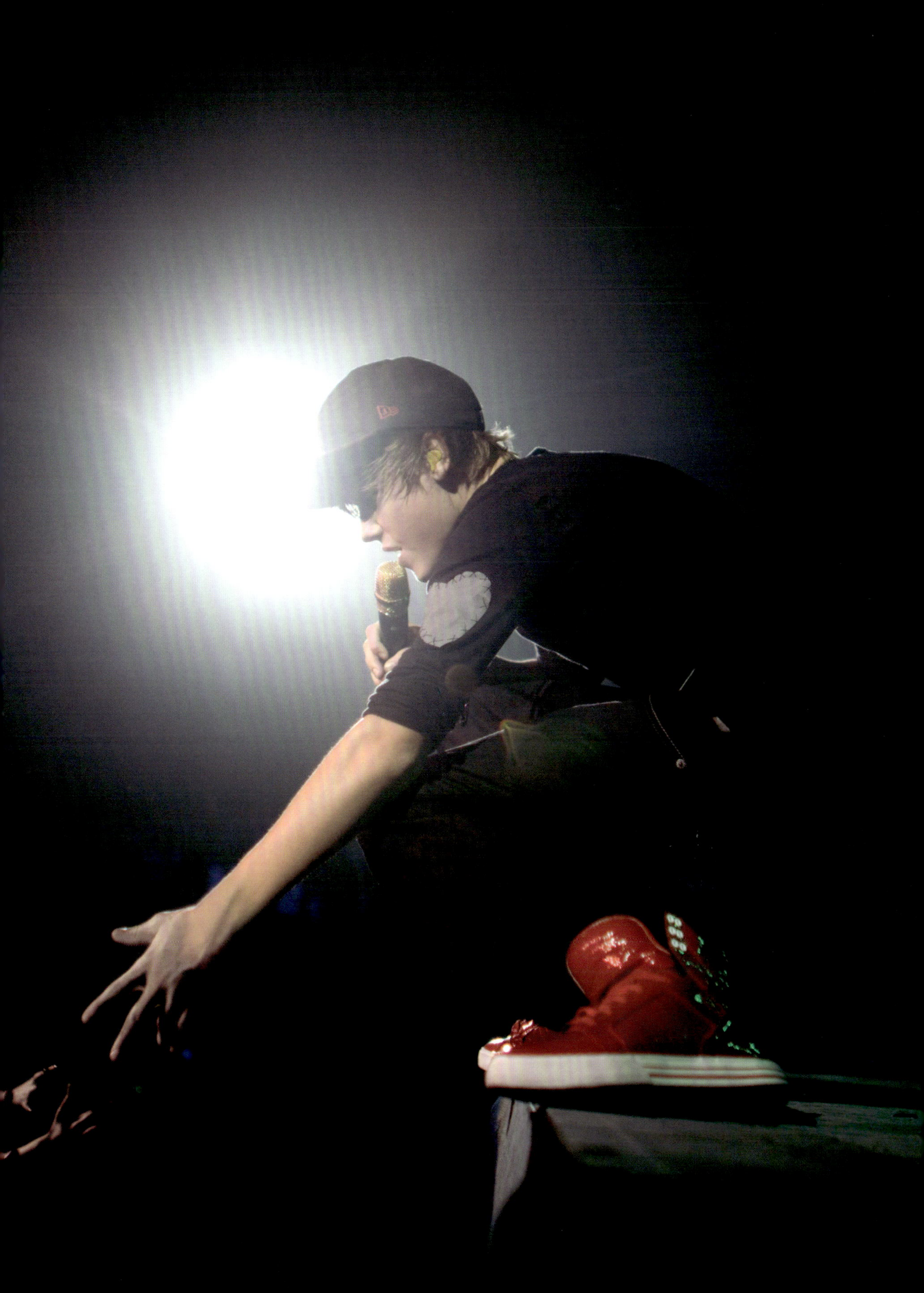

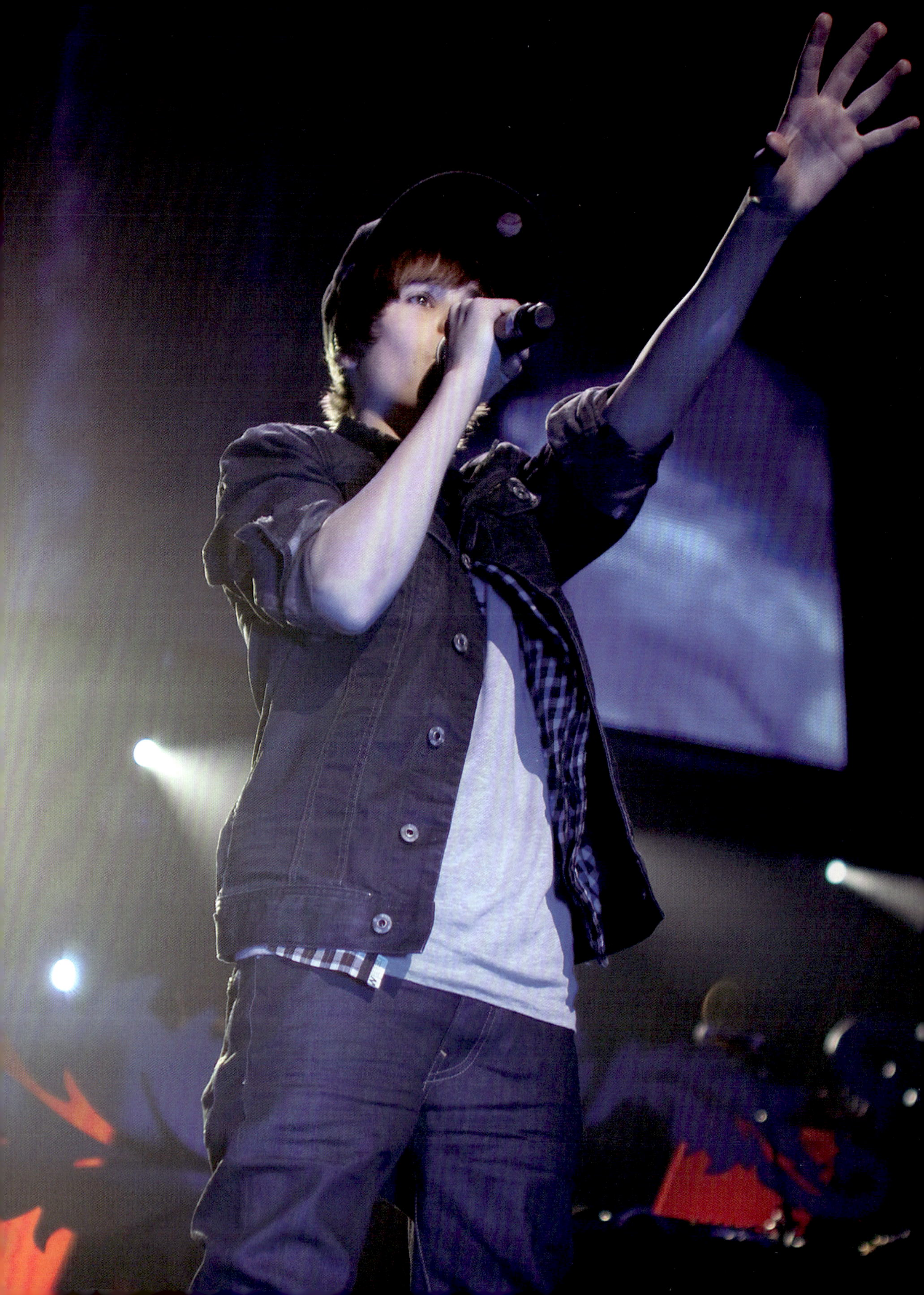

"Mon équipe est ma famille, et ils méritent tous leur moment de gloire, eux aussi."

Lors de ma tournée « My World 2.0 », un des moments les plus émouvants du spectacle était un hommage à Michael Jackson et un rappel de ce qui compte vraiment dans ce métier. Au rythme de *Wanna be startin' somethin'*, je présente mes danseurs et mes musiciens, les uns après les autres, afin que tout le monde sur le plateau récolte sa part d'applaudissements. Mon équipe est ma famille, et ils méritent tous leur moment de gloire, eux aussi.

Cette tournée avait un objectif caritatif, en hommage, notamment, à l'exemple que nous a donné Michael Jackson. Sur chaque billet vendu, 1 dollar était versé à Pencils of Promise, un organisme de bienfaisance qui construit des écoles dans les pays en développement. Les chiffres grimpent vite. Rien qu'au cours de la seconde partie de la tournée, on a récolté de quoi bâtir quinze écoles. Michael Jackson a été l'artiste le plus généreux de tous les temps. Si je peux faire seulement un dixième du bien qu'il a fait, alors, je crois que ma vie sur terre n'aura pas été inutile. Et c'est ça qui est important au bout du compte.

MA MEUTE

Au cours de l'été 2009, nous avons sorti mes quatre premiers singles avant même de mettre l'album en vente. Nous avions une bonne audience sur YouTube et iTunes, mais pas assez de passages radio pour garantir le succès d'un album. Il y avait tellement de gens qui s'obstinaient à penser qu'un gamin de mon âge n'aurait jamais de passages radio, qu'il fallait d'abord passer par les chaînes Nickelodeon ou Disney ! Scooter et deux de mes supporters à Island Def Jam, Steve Bartels et Erik Olesen, décidèrent qu'il n'y avait qu'un moyen pour combattre ce préjugé : le combat au corps à corps. Autrement dit, nous devions aller frapper à la porte de toutes les stations de radio de la planète et les obliger à passer mes chansons. Nous avions l'espoir que notre charme naturel suffirait à les persuader, mais nous étions prêts, s'il le fallait, à appeler CHUCK NORRIS à la rescousse !

Je trouvais que c'était une super idée, mais ce fut dur de quitter Atlanta. On venait juste de s'installer. J'avais un chiot papillon, Sammy, et je sortais avec une fille qui me plaisait un max. J'étais aussi devenu copain avec Asher Roth et sa bande. Il avait un peu d'avance sur moi dans le métier – ça n'avait pas été facile pour lui. J'ai beaucoup appris en traînant chez eux – à une rue de chez moi – à jouer au jeu vidéo musical *Rock Band*. Asher marchait déjà très fort, de sorte que, la plupart du temps, il n'était pas là.

— Fais le nécessaire, me conseilla-t-il. C'est le moment ou jamais.

Le nécessaire, à en croire Scooter, consistait à nous rendre partout où on nous réclamait, afin de jouer notre musique à tous ceux qui souhaitaient nous écouter. N'importe quand, n'importe où.

Usher estimait que j'avais besoin d'un autre guide dans le monde de la musique, quelqu'un qui pourrait m'aider à faire évoluer mon look. Il m'a présenté Ryan Good, destiné à être mon styliste et mon manager pendant la tournée. Au début, tout le monde se moquait de lui, en lui disant qu'il allait m'apprendre à rouler des mécaniques, ce qu'il détestait tout autant que le titre de styliste. Le mot « style » peut évoquer tout autant votre façon de vous comporter, votre allure, que vos vêtements. Je considère que j'ai un style passe-partout. En général, je suis en jean, avec un sweat à capuche, et tout le reste tient à mon attitude. Je ne sais pas s'il est possible de changer le style de quelqu'un. Un styliste peut vous dire comment vous habiller, mais votre attitude dépend de vous. Je ne sais pas quel titre lui correspondrait, mais je sais que Ry Good me permet de ne pas déraper ou de ne pas me laisser aller. En réalité, c'est un ami qui me dit ce qu'il pense. Tout le monde devrait en avoir au moins un. J'ai la chance d'en avoir plusieurs.

> "Nous étions prêts à appeler CHUCK NORRIS à la rescousse."

"Ryan est un ami qui me dit ce qu'il pense. J'ai la chance d'en avoir plusieurs."

Tout a commencé par moi et ma guitare. En fait, maman, Ryan et moi, sillonnant l'Amérique du Nord, pour jouer dans des stations de radio. Lorsque nous nous sommes mis à nous produire dans des centres commerciaux et des parcs d'attraction, Scooter a décidé que nous avions besoin de danseurs. Nous avons pris l'avion pour Los Angeles où vivent la plupart des meilleurs danseurs et nous avons trouvé deux mecs géniaux, Antonio et Marvin. Au début, j'hésitais à les inclure dans ma *wolf pack* (ma « meute de loups »). Mais, ensuite, il n'y a pas eu de problème. C'étaient des potes. La chorégraphie a été mise au point pour notre premier gros spectacle, à Kansas City.

Comme on nous passait des commandes pour d'autres shows, nous avons eu notre propre DJ, Tay James. Lui aussi est devenu un membre de notre petite bande.

Nous devions nous produire dans un centre commercial de Toronto. Quand nous sommes arrivés, la foule se réduisait à deux ou trois personnes. Nous avons envoyé un message sur Twitter en indiquant le lieu où nous nous trouvions et, dix minutes plus tard, 40 personnes convergeaient vers nous. La sécurité fut vite débordée quand 200 personnes se pointèrent pour faire la queue devant le magasin. On a fini par bloquer une aile entière du centre commercial afin de me ménager une sortie.

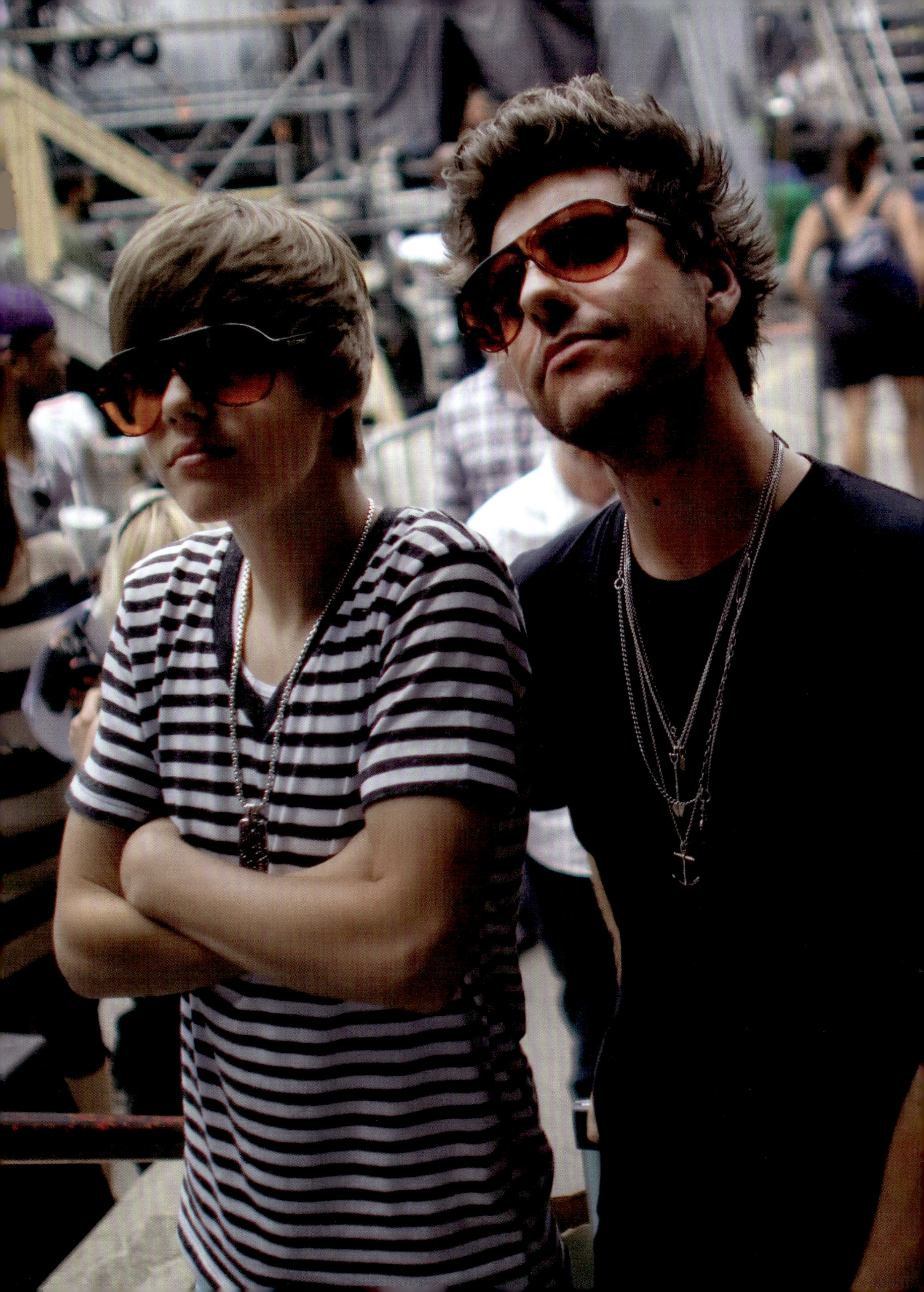

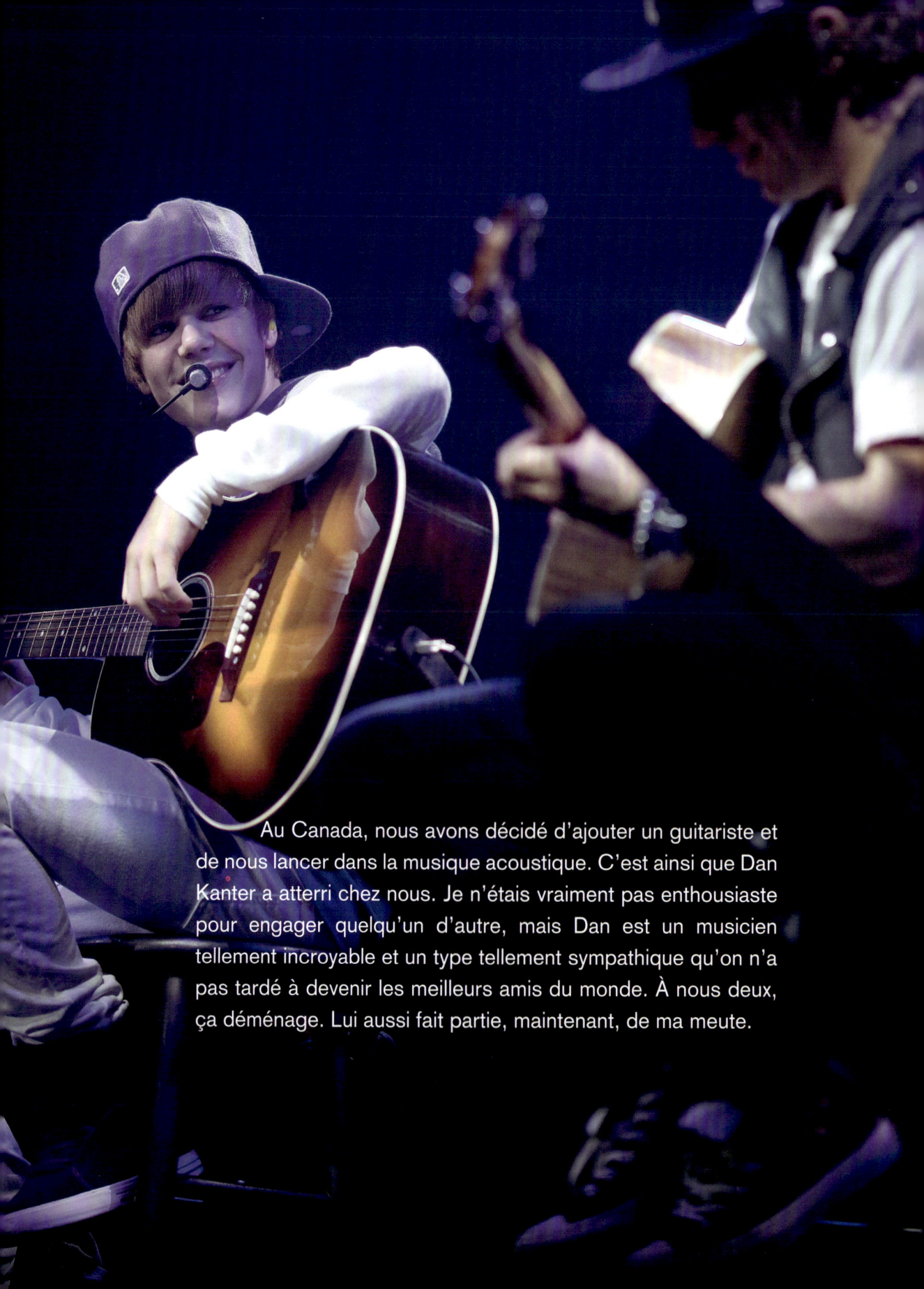

Au Canada, nous avons décidé d'ajouter un guitariste et de nous lancer dans la musique acoustique. C'est ainsi que Dan Kanter a atterri chez nous. Je n'étais vraiment pas enthousiaste pour engager quelqu'un d'autre, mais Dan est un musicien tellement incroyable et un type tellement sympathique qu'on n'a pas tardé à devenir les meilleurs amis du monde. À nous deux, ça déménage. Lui aussi fait partie, maintenant, de ma meute.

> "Dan est un musicien tellement incroyable."

À CŒUR OUVERT

Un gouffre sépare la situation où je suis aujourd'hui de celle où je me trouvais il y a un an. Nous savions où nous en étions et ce que nous visions. Ry Good est l'un de ceux qui ont contribué à tirer un trait entre les deux.

Il y a un an, notre petit groupe jouait pour 40 personnes, sous la pluie, dans Poughkeepsie Water Park. On se levait à 3 heures pour participer aux émissions de radio et de télévision. On poireautait dans les aéroports, à improviser et à écrire des chansons entre les vols. On répondait à des interviews et on entendait les mêmes blagues sur ma coupe de cheveux, ma taille et mon âge.

Pour ceux que cela intéresserait, voici quelques questions auxquelles je réponds volontiers.

J'aime...

- **Que l'on m'interroge sur ma famille** (je suis fier d'être l'aîné, et ça me plaît de frimer en parlant de Jaxon et Jazmyn).
- **Que l'on me demande quel est mon instrument de musique préféré** (je joue de la trompette en plus de la guitare, du piano et de la batterie, et je suis prêt à discuter musique n'importe quand, n'importe où).
- **Que l'on soit curieux de savoir ce que j'ai dans mon iPod** (j'écoute toujours de nouveaux trucs, les gens que je rencontre me font tous connaître d'autres artistes que je ne connais pas; j'aime tout, depuis Tupac jusqu'aux groupes canadiens comme Tragically Hip).
- **Que l'on s'intéresse à l'endroit d'où je viens.** (« Oh, Canada ! I stand on guard for thee ! » – c'est l'hymne national).
- **Que l'on m'interroge sur mes voyages** (rien ne vous fait plus évoluer que la découverte d'autres cultures; j'ai appris à respecter des sociétés que je trouvais bizarres et à manger des plats encore plus bizarres).
- **Que l'on me demande comment j'arrive à suivre mes études en parallèle** (ce qui me donne l'occasion de raconter la dernière farce que j'ai faite à Jenny).
- **Que l'on veuille savoir qui m'a inspiré** (une longue liste qui commence par Usher et grand-papa).
- **Que l'on m'interroge sur ma religion** (parce que j'aime Dieu et que j'aime partager mon amour pour Lui).

J'aime surtout...

Les filles

Les filles

Les filles

Les filles

Les fille

Les filles

Les filles

Nan, je rigole. Ce n'est pas ce que je veux dire. Il y a beaucoup de choses que j'aime en dehors des filles. La pizza, par exemple. Et faire le pitre. Et CHUCK NORRIS. Vous saviez sans doute que je blaguais, mais tout le monde n'est pas comme vous. Voici un indice, pour mémoire. Je suis rarement sérieux. En fait, les gens autour de moi sont rarement sérieux. Demandez aux techniciens quel est leur rôle : TJ vous répondra qu'il opère les gens du cerveau, et Phildeaux qu'il est le service sanitaire. Posez la même question à Scooter, il répondra « tourneur ». Si vous me demandez quelle taille je fais, je réponds 2 mètres. On se marre comme des gosses. Et ça nous plaît.

"On se marre comme des gosses. Et ça nous plaît."

EN AVANT TOUTES !

L'été dernier, où que nous allions, les fans suivaient, et nous étions toujours contents de les voir. Grâce à Twitter, l'information circulait très vite, et une foule ne tardait pas à se constituer devant la station de radio, la foire ou le centre commercial…

C'était dingue. Kenny me servait déjà de garde du corps. Kenny était au départ un DJ d'Atlanta, devenu mon ami. Lorsque Scooter partait avec Asher, je tournais en rond. Kenny passait me prendre. On allait jouer au bowling ou faire une partie de pistolets laser. En préparant la tournée des radios, Scooter a décidé que personne ne pouvait être plus fiable que Kenny et il l'a envoyé suivre une formation de sécurité rapprochée.

Vers la fin de cette tournée, il devint clair que Scooter ne s'était pas trompé de stratégie pour me lancer : quatre singles consécutifs cartonnèrent, avant même la sortie de l'album *My World*. Une première pour un artiste.

Tout ce qui s'est passé au moment de la sortie de *My World* a bouleversé les règles. Un petit Blanc maigrichon, enregistrant avec des rappeurs ayant pignon sur rue. Un ado, suivi par une foule de fans, alors qu'il n'avait fait aucune télé. Les experts en marketing du label nous ont dit que nous atteindrions les 60 000 exemplaires en cinq semaines. On en a vendu 900 000 dans le même temps.

"Kenny passait me prendre. On allait jouer au bowling ou faire une partie de pistolets laser."

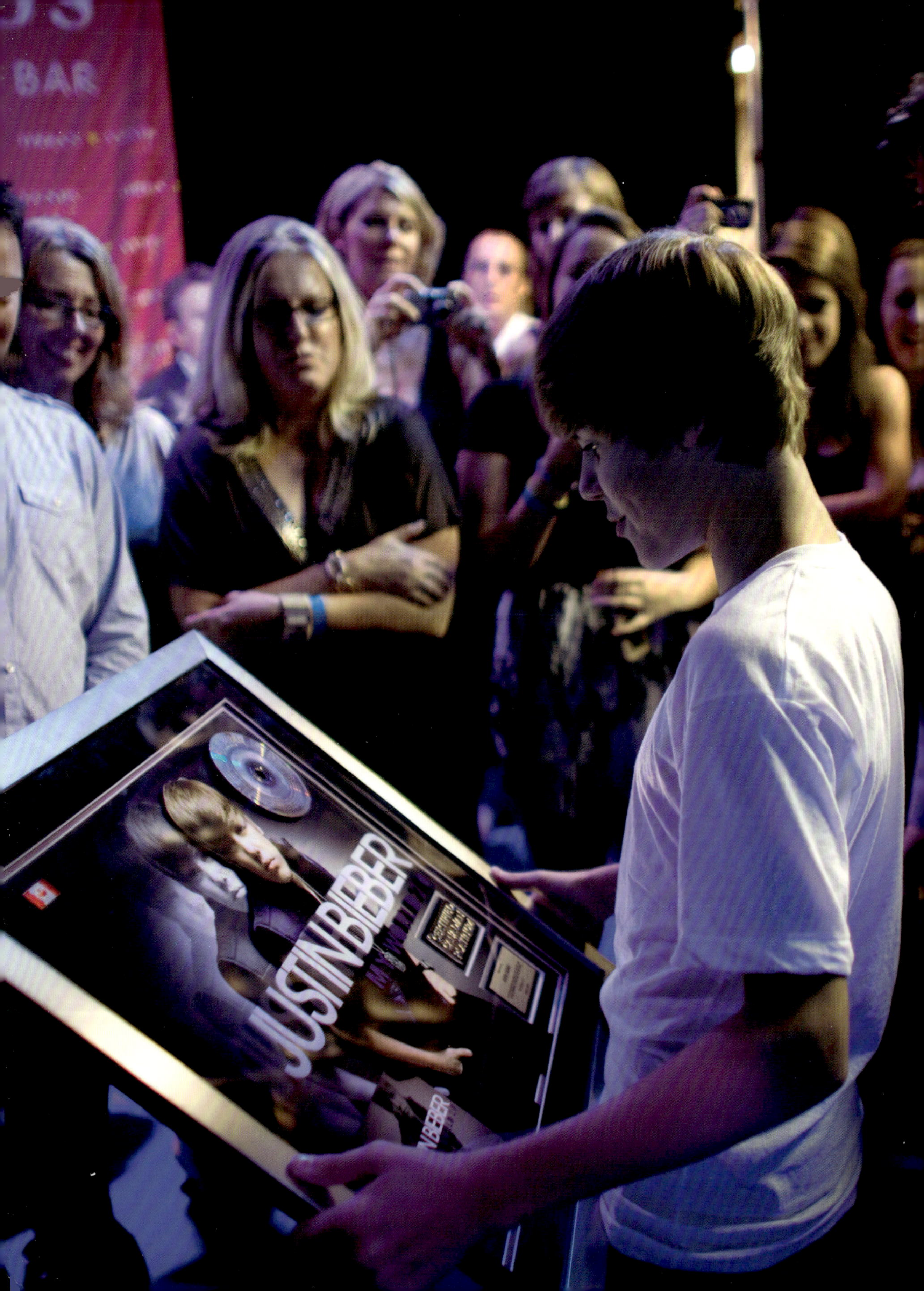
BAR
JUSTINBIEBER

"Je sais que je vous dois tout."

Ça me plairait de penser que ce succès ne tient qu'à moi, mais je sais que, si c'est arrivé, c'est grâce à vous. Nous sommes bons, d'accord, mais pas bons à ce point ! Tous les jours, je me réveille en me disant que j'ai les meilleurs fans du monde. Tous les jours, vous allez plus loin, plus loin et plus haut que moi. Je tenais à vous dire que je sais ce que je vous dois. Tout !

Retour au sujet. Quand mes chansons sont passées au hit-parade, au Canada, mes grands-parents ont été fous de joie et très fiers. C'est ce qu'il y a de plus génial dans cette histoire. Bien sûr, le reste est très excitant, mais le plus grisant, c'est de voir combien votre famille est fière de vous et d'être en mesure de l'aider. C'est fou de penser qu'on peut acheter une maison à sa maman !

Nous étions beaucoup trop occupés pour frimer, mais nous avons tout de même mesuré l'ampleur de notre public de fans. La semaine de la sortie de *My World*, nous avions organisé un événement dans un centre commercial de Long Island, près de New York. Pour résumer, l'événement s'est transformé en une véritable émeute. Des milliers de fans sont arrivés. La sécurité était débordée, alors même que je n'étais pas encore là. On a été obligés d'annuler le concert, pour éviter qu'il y ait des blessés, la sécurité des fans étant bien entendu la priorité pour Scooter, pour moi et pour toute notre équipe. Deux membres de notre équipe se sont fait arrêter par la police, alors que nous n'étions pas tous sur place et que nous nous efforcions de contrôler la situation.

justinbieber Quelquefois c'est génial, mais d'autres fois, c'est dur et il y a trop de pression. Merci à tout le monde pour le soutien. Ça m'aide beaucoup.

5:32 PM 14 avril via web

C'était dingue. La presse parlait de « biebermania ». Tout d'un coup, les projecteurs du monde entier étaient braqués sur nous. Les propositions se mirent à pleuvoir. Un show télévisé allemand ? Bien sûr ! Un magasin de disques japonais ? C'est comme si on y était ! Du saut à l'élastique en Nouvelle-Zélande ? On accourt !

Pendant la seconde moitié de 2009, nous avons parcouru le monde, vu des endroits merveilleusement beaux, rencontré des fans formidables. Je sais que ça paraît génial, mais il y avait des moments où j'étais tellement fatigué que je me sentais perdu. Ce qui m'a aidé à tenir, c'est la pensée de tous les sacrifices consentis par ma mère, pour me permettre de poursuivre mon rêve, de l'énorme travail fourni par mon équipe, pour produire ce spectacle et puis, aussi, la vue des visages radieux de mes fans, aux quatre coins de la planète. Même dans les pires moments, vous avez su me soutenir.

Les voyages m'ont ouvert les yeux sur d'autres cultures et d'autres points de vue sur la vie. Quel dépaysement ça a été pour moi de chanter devant mes fans parisiens en… français ! Voyager m'a appris plus que je n'aurais pu apprendre dans n'importe quelle école. Surtout en géographie !

"Les projecteurs du monde entier étaient braqués sur nous."

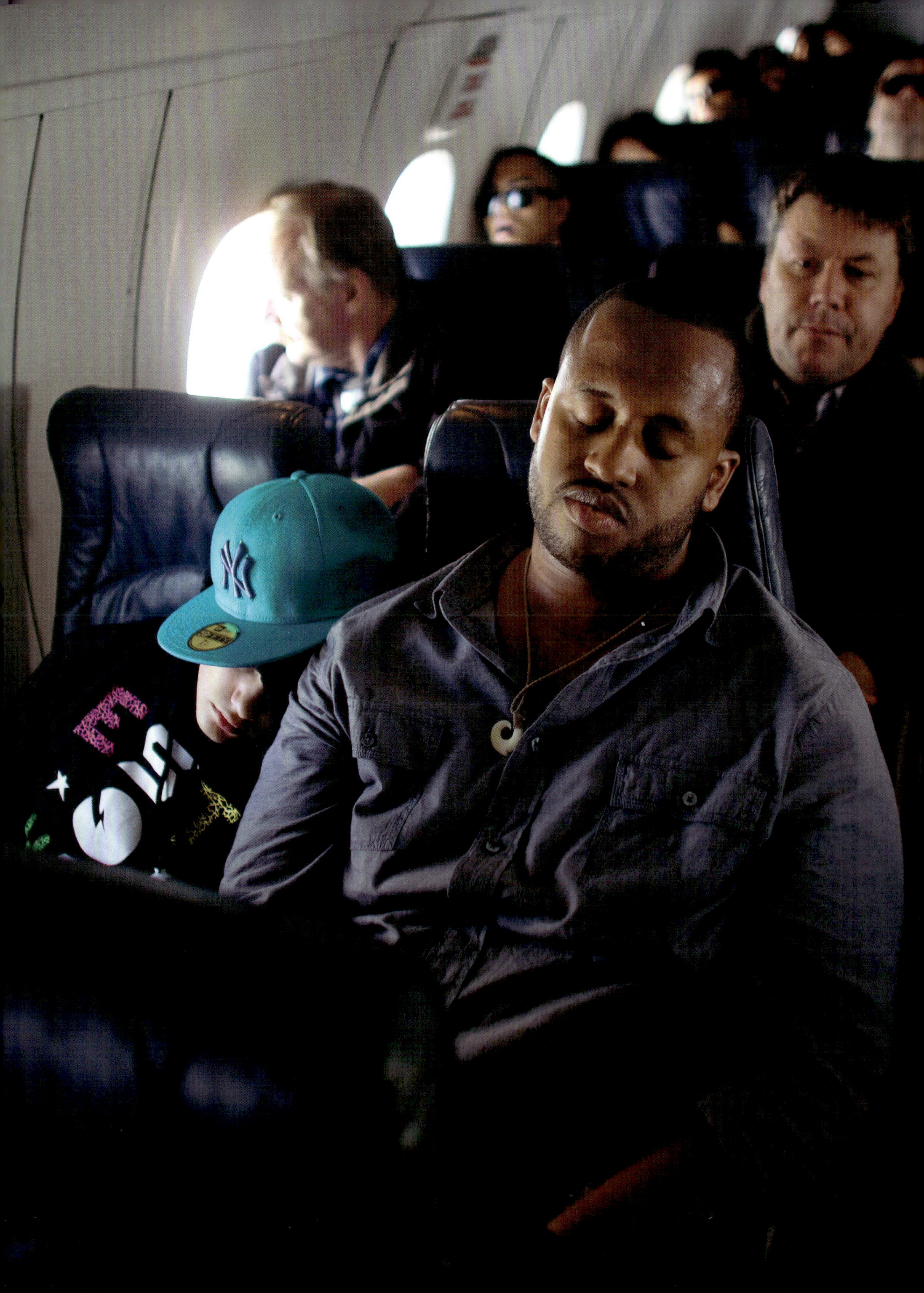

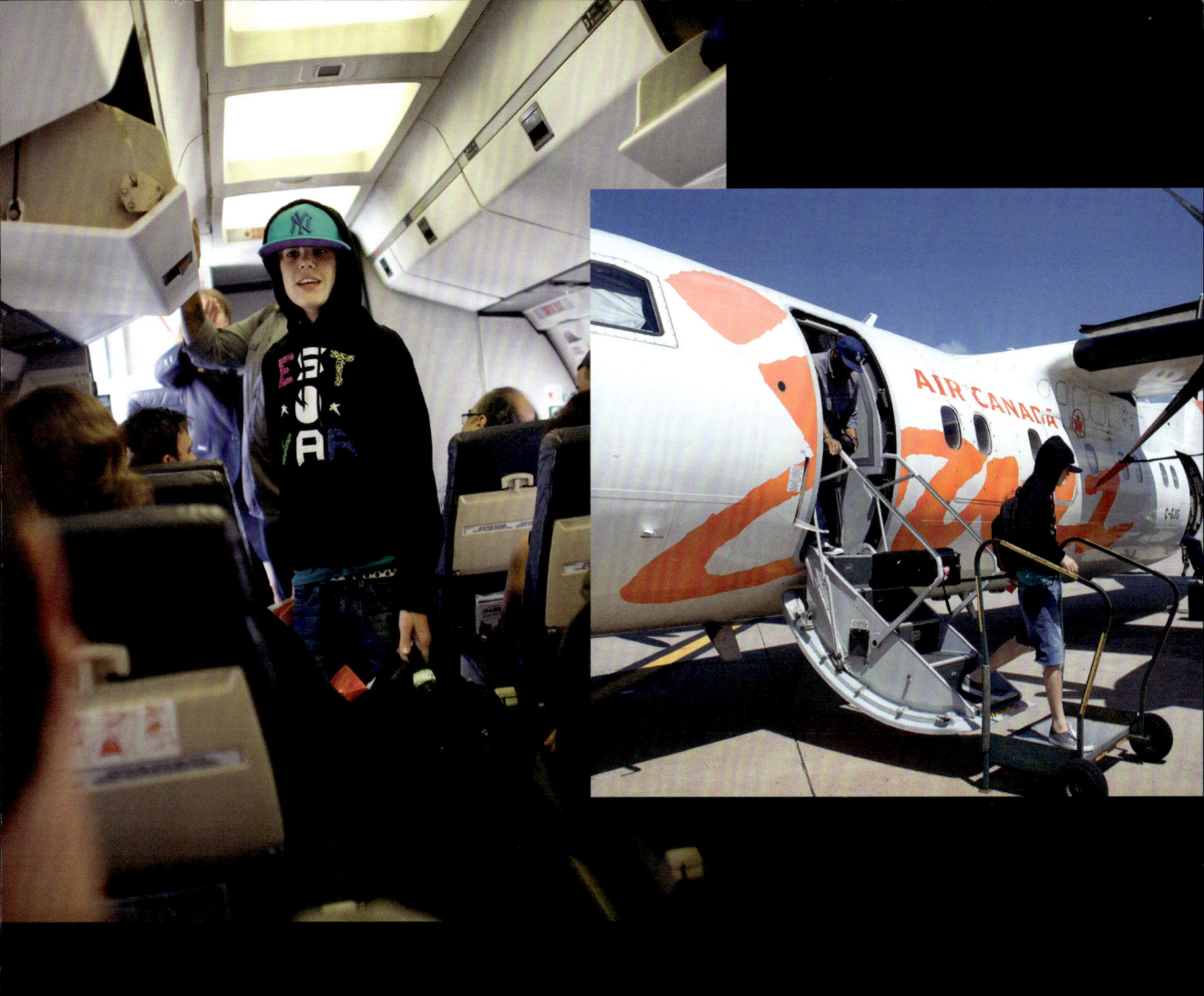

"Les voyages m'ont ouvert
les yeux sur d'autres cultures
et d'autres points de vue sur

PAS DE CHANCE

En novembre 2009, je fus invité à ouvrir le concert de Taylor Swift à la Wembley Arena de Londres. Je n'avais encore jamais vu une foule pareille – plus de 12 000 personnes. Je n'avais pas le trac, mais j'étais follement excité à la perspective d'être là, avec Taylor, devant tant de fans superbes.

Avant de monter sur scène, Usher m'a donné une petite leçon : comment capter l'énergie incroyable qui se dégage d'un public aussi vaste.

– Fais en sorte qu'il travaille avec toi. Je sais que tu te bats pour sortir chaque parole de toi, mais, souvent, il suffit de la leur donner. Permets-leur de participer, tu vois ? C'est ça, la connexion. Ils se connectent à toi. Prends ton temps. Ça doit venir de toi. Tu es là, avec eux, et c'est ça qui fait le lien.

Je n'en pouvais plus. Je suis monté sur scène et j'ai chanté, tout s'est passé à merveille. Tay James annonçait notre dernière chanson avant le rappel.

– Quand je dis Justin, vous dites Bieber ! Justin !

– Bieber !

– Justin !

– Bieber !

– Quand je dis One, vous dites Time ! One !

– Time !

justinbieber Sur le point de monter sur scène à Londres à Wembley. Allons-y ! Merci pour l'invit'.

@taylorswift13 1:28 PM 28 nov. via UberTwitter

"Tout ce que je pouvais faire, c'était assurer la chanson jusqu'au bout."

Cette énergie, dont parlait Usher, était une chose vivante, qui respirait. Je me suis avancé sur le plateau. Ma voix était forte et claire, mes gestes assurés, tout allait bien, jusqu'à ce que je m'approche tout au bord et atterrisse à quelques centimètres de l'endroit où j'aurais dû atterrir. Mon pied dérapa, et j'eus l'impression de marcher sur un clou. La douleur me transperça, du bout des orteils jusqu'à la nuque. Je m'étais cassé le pied en skateboard l'année précédente. Je sus tout de suite que c'était la merde.

Mon pied était cassé. Au milieu d'une chanson. Devant 12 000 personnes. Et Taylor Swift !

J'ai continué à chanter, porté par ma mémoire musculaire, mon endurance de petit joueur de hockey et les cours de Mama Jan. Le public devenait de plus en plus dingue, mais, sur le plateau, les gens commençaient à me regarder comme si quelque chose n'allait pas. Impossible de danser comme je le faisais d'habitude. À chaque pas, j'avais un clou géant qui me rentrait dans le corps. Je ne sais pas comment j'ai réussi à ne pas hurler de douleur. Tout ce que je pouvais faire, c'était assurer la chanson jusqu'au bout.

Les trois minutes les plus longues de ma vie. J'y suis arrivé. J'ai réussi à saluer et à remercier tout le monde en quittant la scène en boitant, mais, une fois dans les coulisses, j'ai hurlé comme un chien. Sans mentir, je pleurais. La douleur était trop vive. Kenny m'a soulevé dans ses bras et a pris le chemin de la salle des comédiens, en criant par-dessus son épaule :

— Appelez police secours !

Les gens dans les coulisses paniquaient.

Scooter a plongé dans la cohue, avec ma mère sur ses talons.

— Justin ? Oh, mon Dieu ! Que s'est-il passé ?

Je grognais quelques paroles inintelligibles, qu'on pourrait traduire par : « J'ai de nouveau cassé mon fichu pied. »

Scooter ouvrit à la volée la porte de la salle des comédiens et Kenny me déposa sur le canapé.

— Tu es sûr ? a insisté Scooter. Il est peut-être seulement foulé…

— Aïe ! Touche pas !

— OK, OK Ça va aller.

Il dégaina prestement son iPhone pour appeler les secours et s'apercevoir que ce n'est pas si simple, pour un manager américain, de faire soigner un Canadien blessé en Angleterre.

Taylor a été adorable. Elle était sur le point de monter sur scène. Les fans l'attendaient de pied ferme – 12 000 personnes, qui scandaient son nom –, mais elle a d'abord voulu voir si j'allais bien. Elle est vraiment cool, et c'est une vraie pro. Elle était inquiète pour moi, mais le spectacle n'attendait pas.

– Tiens bon, Justin, me dit-elle. Tout va bien se passer.

Elle me fit un câlin avant de courir rejoindre le plateau. Sa mère est restée avec la mienne, qui était sens dessus dessous. Nous avons finalement localisé un hôpital disposé à me faire passer une radio et poser un plâtre. Pas exactement la fête que j'avais rêvée après mon plus grand show à ce jour.

Le lendemain, nous sommes allés chez un orthopédiste qui m'a mis une attelle de cheville Aircast. De l'extérieur, elle ressemblait, avec sa carapace dure, à la botte d'un Stormtrooper de *La Guerre des étoiles*. À l'intérieur, de petites bulles se gonflaient d'air pour immobiliser mon pied et ma cheville. Ainsi chaussé, j'ai pu continuer à me produire, mais je dois avouer que j'avais du mal à me tenir tranquille. Cela me rendait fou de ne plus pouvoir faire de skateboard ni jouer au foot ni patiner sur la glace, pendant huit semaines. J'ai honoré tous mes engagements, tout en clopinant sur un pied, comme un pirate à la jambe de bois.

D'abord, ça faisait sacrément mal. Ensuite, j'avais été invité à chanter au « Christmas in Washington 2009 » avec Usher, Mary J. Blige, Neil Diamond, parmi d'autres artistes incroyables.

Le soir du grand gala à Washington, je l'avoue, j'avais le trac. C'était un tel honneur. Et je n'étais pas très chaud pour me présenter devant le président Obama et des millions de téléspectateurs, chaussé de ma botte de Stormtrooper.

– J'enlève l'Aircast! annonçai-je à maman et à Scooter.

– Ah, non, pas question! s'écrièrent-ils.

– Bon, d'accord.

Dès qu'ils furent sortis de ma loge, j'ôtai mon attelle et sortis mon soulier de mon sac à dos. Au début, ça m'a fait bizarre, mais je n'y pensais plus quand je me suis avancé devant le Président et la première dame. J'ai chanté la super belle chanson de Stevie Wonder *Someday at Christmas*, puis je suis retourné dans ma loge et je me suis dépêché de remettre l'Aircast, avant que maman ne me tombe dessus. Pas mal trouvé comme façon de se défiler, non? « Désolé, maman, je peux pas te parler tout de suite, je papote avec Mary J. Blige et Mme Obama. »

Même avec tout ce qui se passait, maman et moi, nous avons fait en sorte de retourner à Stratford pour Noël, nous réjouissant de jouer à échanger nos cadeaux et d'engloutir une tonne de dinde au jus, la succulente recette de grand-maman. Certaines choses ne changent jamais.

Ce fut aussi le Noël où j'ai rencontré cette fille et où nous n'avons pas cessé de nous embrasser, pendant des jours, alors que nous entamions l'histoire d'amour la plus romantique de tous les temps… Stop! C'est une blague. Je vous taquinais, vous imaginant le souffle suspendu, en lisant ces lignes. Désolé, je voulais juste m'amuser un peu. Maintenant, au prochain chapitre!

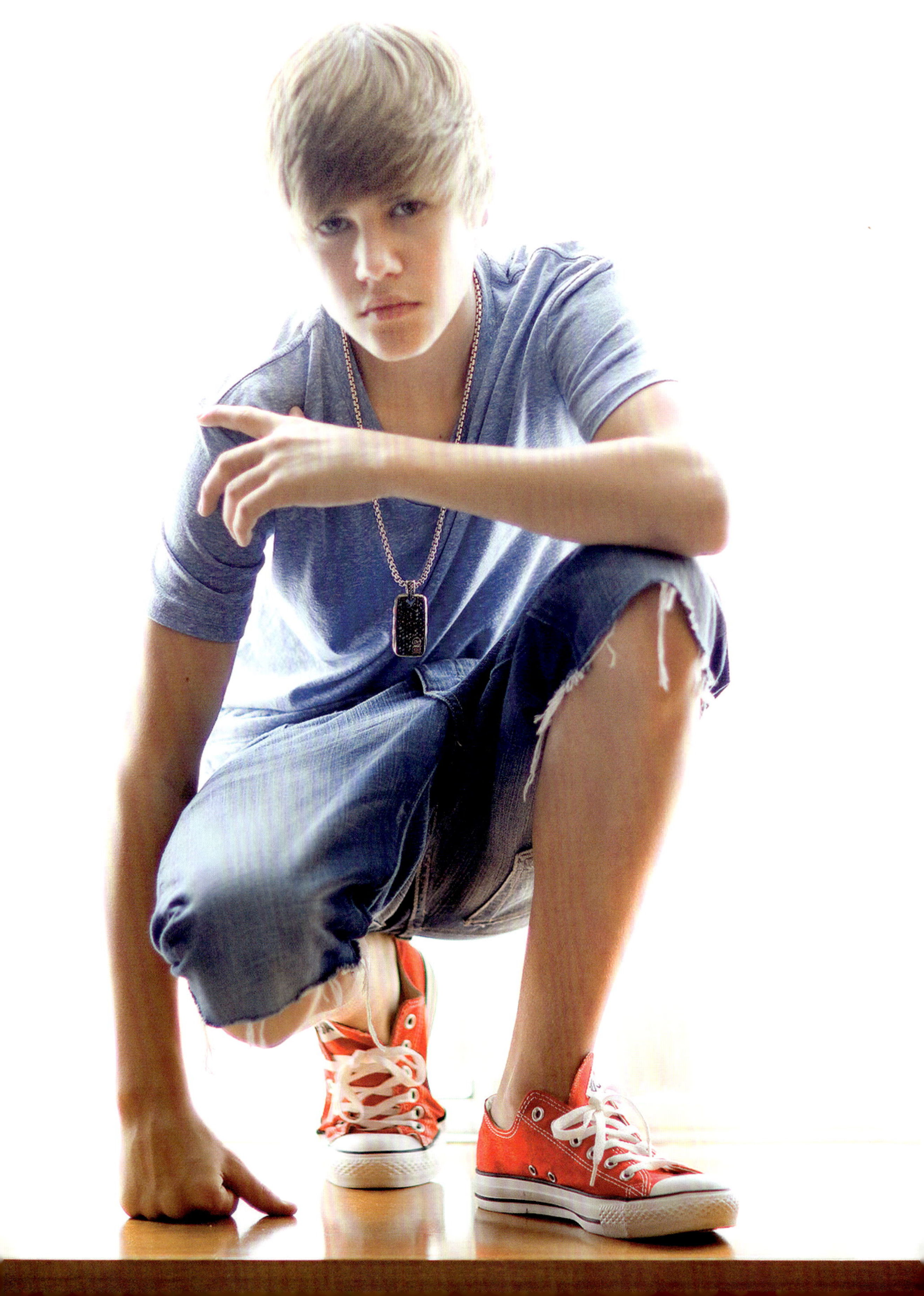

CHAPITRE 7

CE N'EST QU'UN DÉBUT

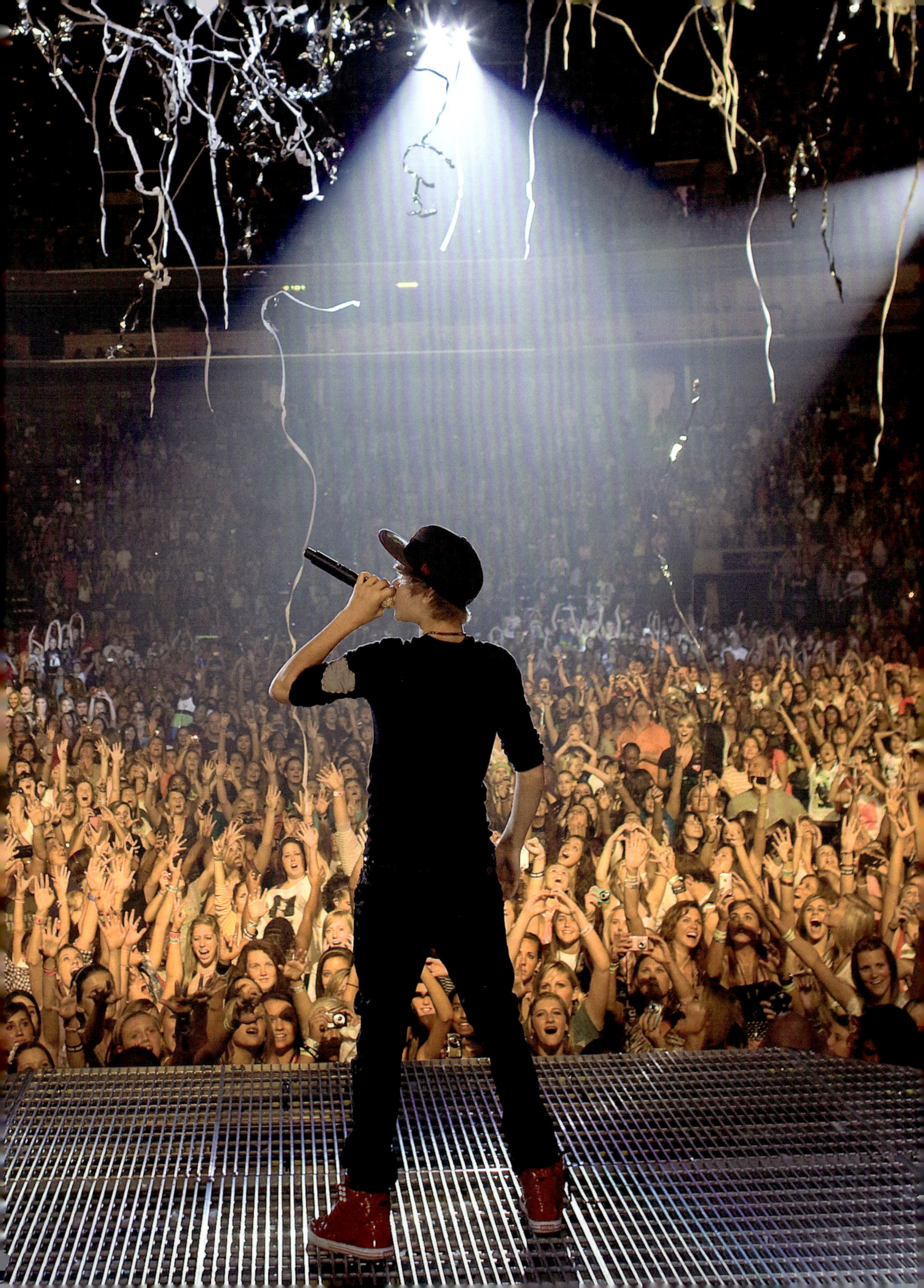

> **justinbieber** C'est fou ! L'année dernière je regardais les Grammys à la télévision, aujourd'hui, j'y suis. Je vais rencontrer mes idoles. Incroyable !
>
> 8:19 PM 30 janvier via web

C'est en janvier que la saison des prix commence aux États-Unis. Les plus légendaires et les plus prestigieux se sont, bien sûr, les Grammy Awards. Étant donné que mon album n'est sorti que cinq semaines avant la fin de l'année, nous ne nous attendions pas à y être invités, mais on m'a demandé de venir présenter avec Ke$ha, qui est, elle aussi, une nouvelle artiste.

Tous les deux, on était chargés de faire la promotion de ce gadget destiné à faire participer les fans. Les téléspectateurs pouvaient voter pour la chanson qu'ils désiraient que Bon Jovi interprète. Sympa comme concept, non ? On m'a prié de lire une petite phrase sur un téléprompteur.

Mais, vous me connaissez, je ne peux pas résister à la tentation d'une bonne farce. Après avoir paradé un temps infini sur le tapis rouge devant les médias, avoir été aux anges de rencontrer toutes mes idoles et tous ces gens que j'ai toujours admirés, je suis monté sur scène avec Ke$ha et, pour mon plus grand plaisir,

"Vous me connaissez, je ne peux pas résister à la tentation d'une bonne farce."

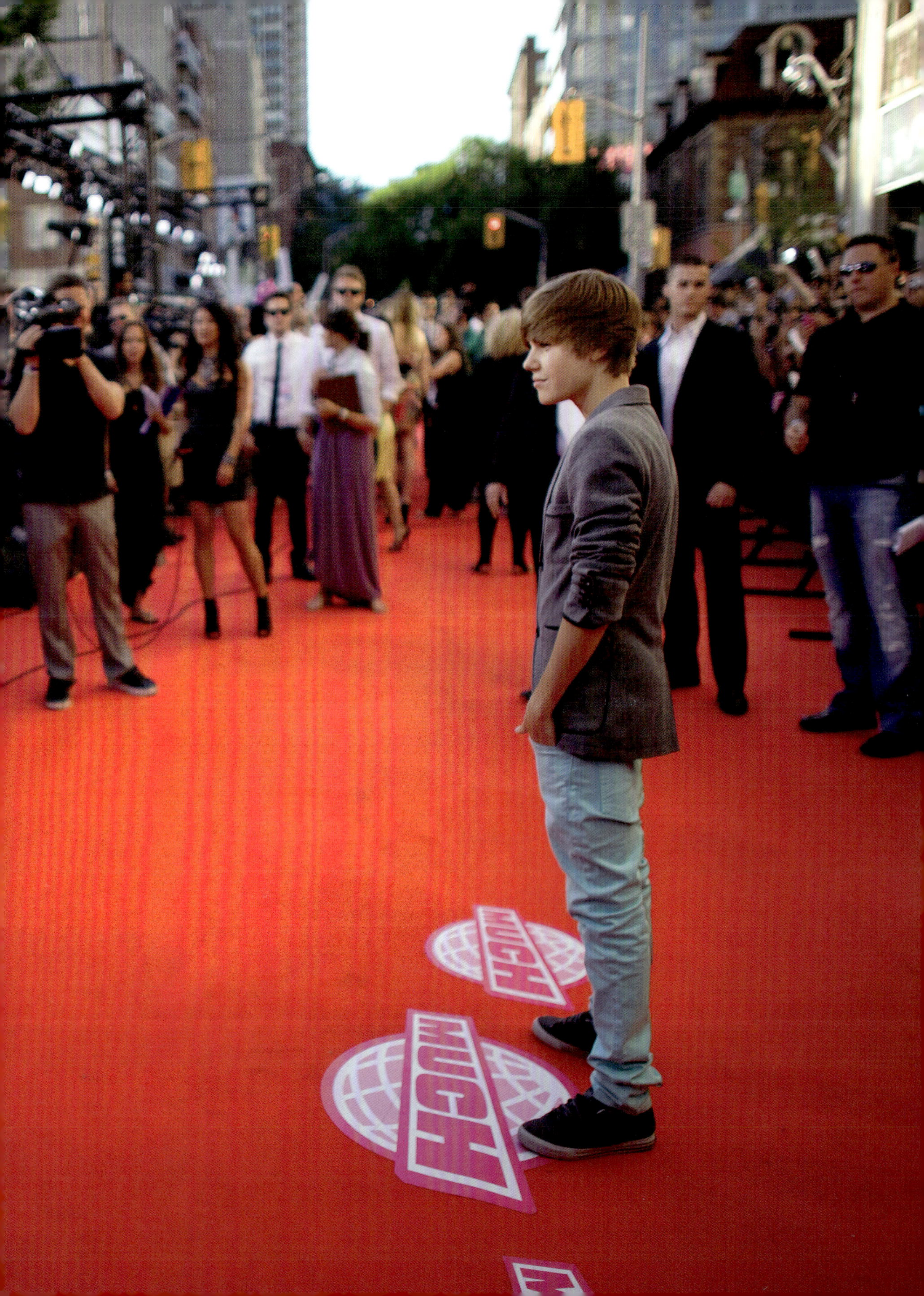
MUCH
MUCH

"Je n'oublierai jamais cette soirée – j'étais vraiment au septième ciel."

au premier rang, se trouvait mon amour de toujours, Beyoncé. Elle était tellement belle ! Désolé Jay-Z, je n'essaie pas de te la voler, je ne fais que constater.

J'ai donc décidé de le faire : au lieu de dire « Bon Jovi », j'ai prononcé « Beyoncé ».

– Je veux dire… je veux dire Bon Jovi. Bon Jovi, ai-je bafouillé. Désolé, mais Beyoncé est toujours dans mes pensées.

Même si je l'avais fait exprès, tout le monde dans le public pensait que je m'étais vraiment trompé. Je vous ai eus ! Même Beyoncé pensait que c'était une erreur, et elle est venue me consoler dans les coulisses. À moi la victoire !

Je n'oublierai jamais cette soirée. J'ai eu l'occasion de rencontrer Lionel Richie, Dave Matthews, Quincy Jones, Lil Wayne et Mary J. Blige – sans oublier Jay-Z et Beyoncé, bien sûr. J'étais vraiment au septième ciel.

Les plus grands prix musicaux canadiens sont les Junos et les MuchMusic Video Awards (MMVA). Pour les Junos, j'ai été sélectionné dans la catégorie « nouvel artiste de l'année », mais Drake m'a battu – bien joué, Drake. Miley Cyrus présentait les MuchMusic Awards, alors j'étais gagnant, peu importe comment. J'ai été nommé « révélation de l'année » et « meilleur clip ». Deux de mes chansons étaient sélectionnées pour les « International Video of the Year by a Canadian[1] », alors je me suis en réalité battu moi-même – bien joué, Bieb ! Pour moi, c'était un peu un moment à la CHUCK NORRIS.

---

1. « Clip international de l'année par un artiste canadien ».

NE JAMAIS DIRE « JAMAIS »

Usher me rappelle souvent que beaucoup de prix seront accordés au cours de ma carrière. Je ne serai pas toujours gagnant. C'est un honneur d'être nominé et c'est fantastique de gagner, mais il ne faut pas oublier les véritables victoires, qui s'opèrent hors champ. Comme cette lettre que j'ai reçue, il y a quelques semaines, après les « MMVA » :

15 juin 2010

Cher Justin,

Je t'écris pour te remercier de quelque chose dont tu n'as sûrement pas conscience... Tu m'as aidée à surmonter la chimio...

En octobre 2009, je devais subir une opération chirurgicale, et on a découvert que j'avais une tumeur maligne. Elle a été retirée, mais on a dit à mes parents qu'il fallait que je fasse quelques mois de chimio pour qu'on soit sûrs. Même si cette nouvelle était plutôt foudroyante, je savais qu'il fallait que je me batte jusqu'au bout. Le jour suivant le concert à Toronto, au Kool Haus, je me suis rendue à l'hôpital pour enfants, afin de commencer mon traitement. J'avais très peur de ce qui allait m'arriver et de voir comment mon corps allait réagir. La seule chose qui m'a fait tenir (en plus de ma mère me tenant la main), c'était que j'avais été sur scène avec toi, la veille. Tu as chanté pour moi, puis tu m'as donné le chapeau que tu portais.

Ton chapeau et tes photos décoraient ma chambre d'hôpital chaque fois que je m'y rendais pour mes traitements. J'ai appris aux médecins et aux infirmières tout ce que je savais sur toi et je leur ai même chanté quelques-unes de tes chansons. Quand j'étais fatiguée par les piqûres et que je n'en pouvais plus, je regardais la photo de nous deux sur scène, souriais, et trouvais le courage de traverser un jour de plus. Je me souvenais de toi, me disant ces mots fameux, « Only you shawty », et tout paraissait plus facile à surmonter.

Aucun mot ne peut exprimer à quel point ce simple geste m'a aidée à me battre contre ma terrible maladie.

Je suis sûre qu'un jour j'aurai la chance de te rencontrer et de te remercier personnellement, mais, en attendant,

Ta plus grande fan,
Sabrina Moreino

"Chacun de mes fans est important pour moi."

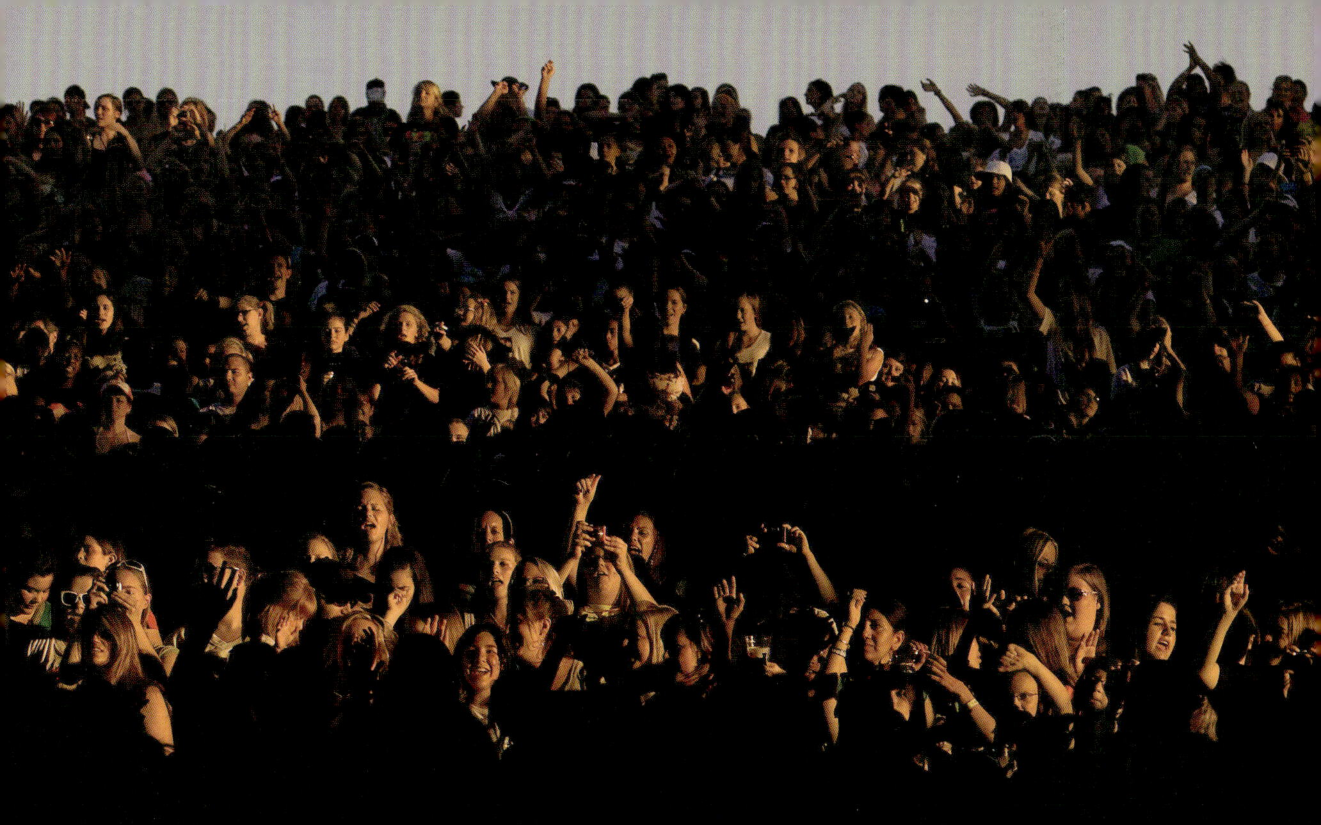

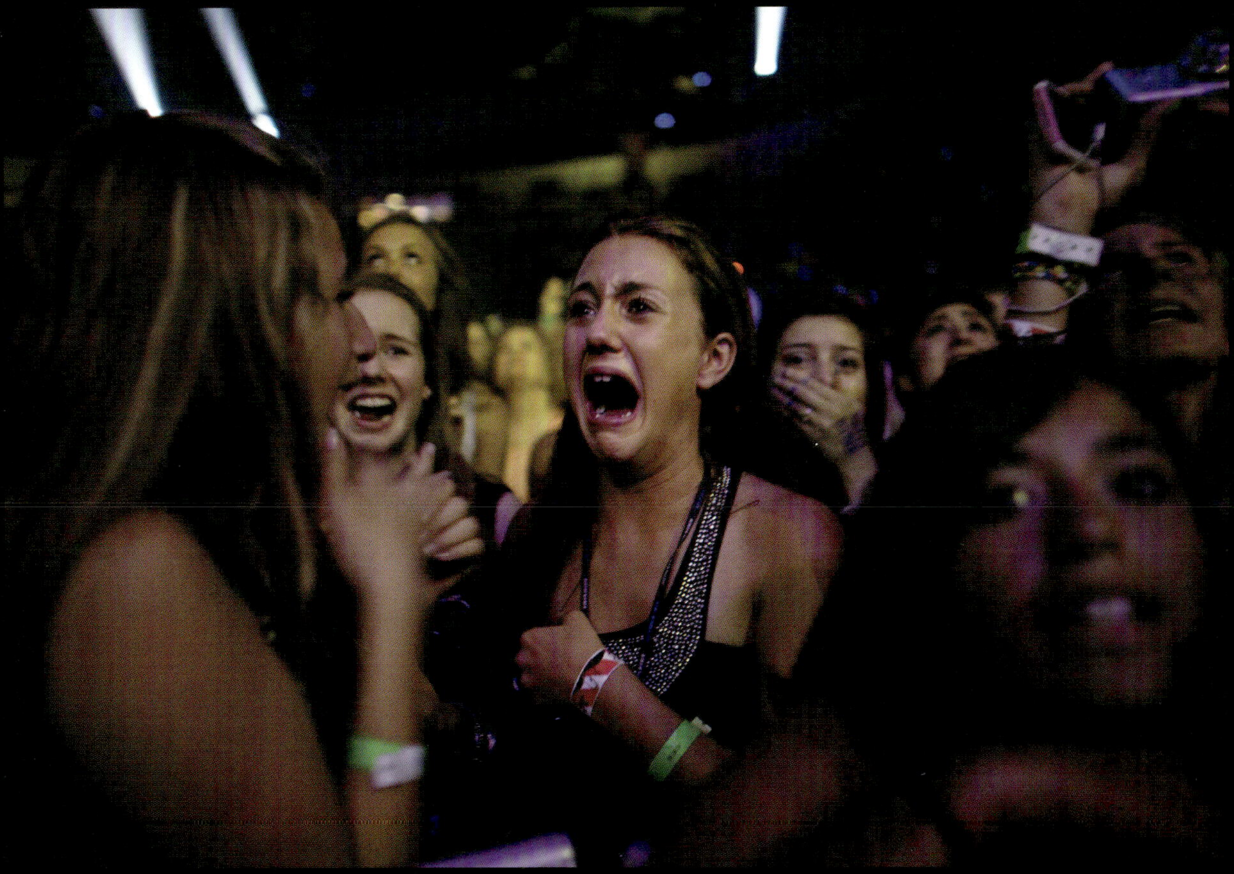

Cette lettre m'a vraiment touché. Sabrina m'a dit que, lorsqu'elle a perdu ses cheveux durant la chimio, elle portait mon chapeau. Cela m'a rappelé cette chanson de Rascal Flatts, *Sarah Beth* : une fille endure une chimio et perd ses cheveux ; mais, alors qu'elle est à son bal de promo et qu'elle danse avec un garçon qui tient à elle, « pendant un instant, elle n'a plus peur ». Je ne peux exprimer à quel point cela me touche d'avoir pu aider Sabrina dans cette épreuve. Elle est tirée d'affaire, maintenant, et elle a une longue vie devant elle, mais je prierai pour elle.

Chacun de mes fans est important pour moi. J'aime me trouver en studio, mais j'aime encore plus me trouver sur scène, parce que c'est là que je peux entrer en contact avec vous. Un de mes moments préférés du spectacle, c'est celui où je sors de scène, où je regarde vos beaux yeux et vous dis :

If you need me, I'll come running from a thousand miles away...

Beaucoup d'entre vous ont vu mon adorable fan âgée de 3 ans, Cody. Quelqu'un a posté une vidéo d'elle hilarante : elle pleurait parce qu'elle ne pouvait pas me voir. Deux jours avant mes 16 ans, je me suis rendu sur le plateau de « Jimmy Kimmel Live ! », à Los Angeles, et j'ai pu rencontrer Cody et sa famille, en coulisse. Vous auriez dû voir sa tête lorsque je suis entré dans la pièce ! Ce qui est drôle, c'est que j'étais tout aussi enthousiaste de rencontrer Cody. Sa vidéo sur YouTube nous a donné le sourire pendant des semaines.

Ainsi, deux jours plus tard, c'était un grand événement : on fêtait mes 16 ans. Tout le monde se demandait si je devais fêter ça en disant un truc incroyable, mais, tout ce que je voulais, c'était passer un bon moment avec ma famille, mes amis et mon équipe. On a loué une maison. On a joué au basket, nagé, fait du karaoké et même des combats de sumo ! C'était bon de n'être qu'un adolescent, entouré des gens qui m'aimaient. Pour couronner le tout, après la fête, je suis parti au Canada afin de passer un peu de temps là-bas, avec ma famille. Et qu'est-ce qu'on a fait ? On a joué au bowling. J'imagine que ce n'est pas très extravagant pour un artiste comme moi, mais, au fond, je ne suis qu'un adolescent comme les autres. Je ne m'attends pas à ce que qui que ce soit me traite autrement et je ne le veux pas.

justinbieber Merci à tous pour vos messages d'anniversaire. Vous avez tous changé ma vie et m'avez offert un bel anniversaire. J'en suis reconnaissant.

2:44 PM 1er mars via web

"Pour mon anniversaire, on a loué une maison. On a joué au basket, nagé, fait du karaoké et même fait des combats de sumo!"

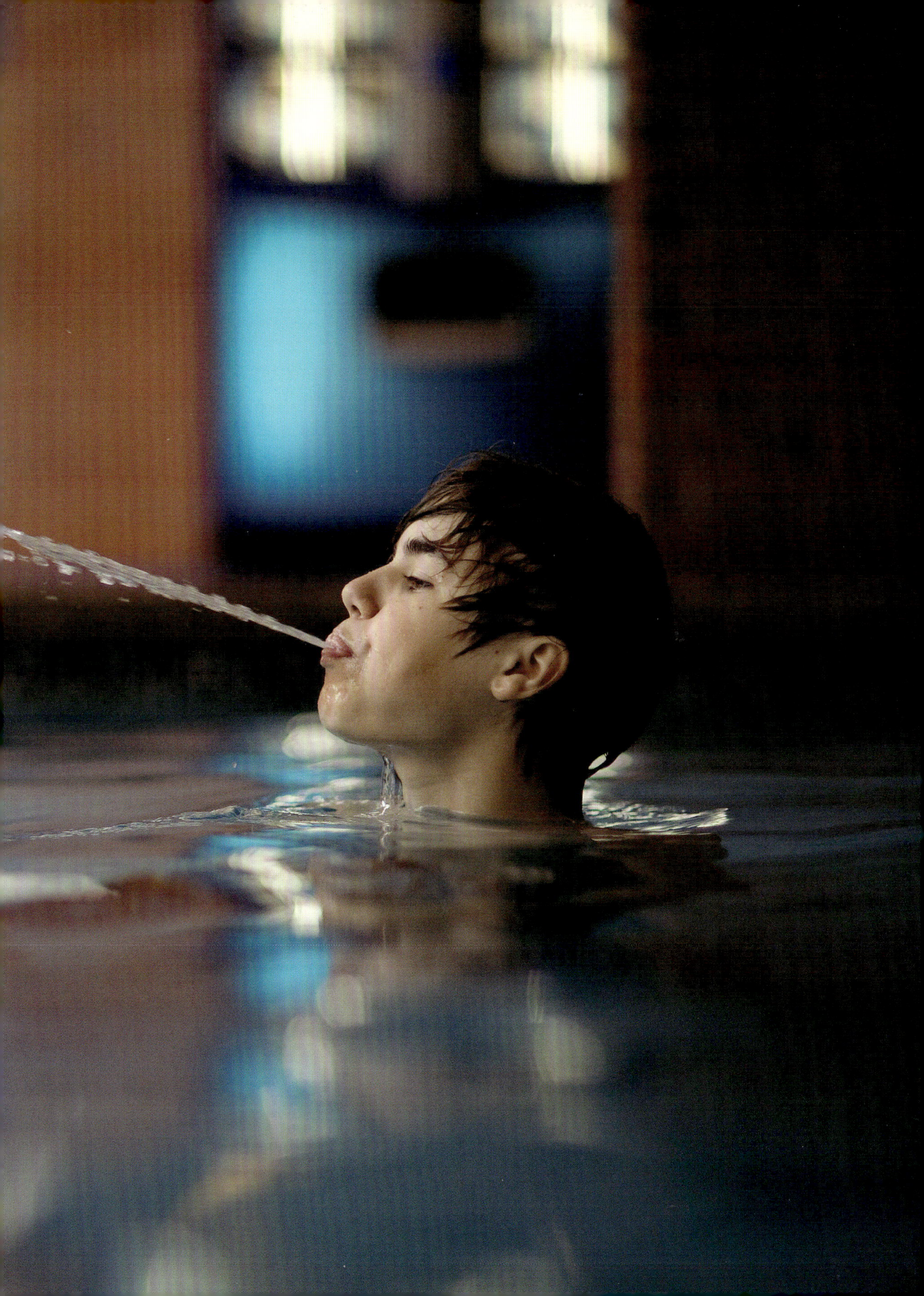

MON PERMIS

Même si je ne veux pas de traitement de faveur, j'imagine que c'est un peu différent pour moi tout de même, vu qu'on m'a offert une Range Rover pour mes 16 ans.

    Je me suis dit que c'était idiot, parce que je ne pouvais pas la conduire, étant donné que je n'avais pas encore passé mon permis. Un jour, j'ai fait le tour du pâté de maisons et maman est venue me réprimander.

    – Justin ! Tu sais que tu ne peux pas conduire cette voiture. Tu n'as pas le permis. Même pas la conduite accompagnée.

Ce n'est vraiment pas drôle. À 16 ans, je n'ai toujours pas eu le temps de passer mon permis accompagné.

– J'aurais dû l'avoir il y a un an, lui ai-je dit. À ce rythme, je ne l'aurai pas avant mes 30 ans.

– OK. On trouvera un jour, la semaine prochaine. On met ça en priorité.

J'ai donc pris une journée. J'ai envoyé un message à tous ceux qui avaient un portable pour leur dire que j'allais chercher mon permis accompagné.

– Waouh ! Mon permis accompagné ! Aujourd'hui ! Bientôt la liberté !

– Est-ce que tu as étudié pour le test ? m'a demandé Scooter.

– Bah, ouais… enfin… tu sais… j'y ai pensé. Je suis sûr que c'est bon. T'inquiète, je ne raterai pas le test.

– Tu devrais étudier un peu, Justin.

– J'ai dit que je ne le raterai pas.

– Certaines personnes le ratent, parce qu'elles n'ont pas lu le manuel.

– Mec, je t'ai dit que j'allais l'avoir.

Je suis entré en pensant ressortir avec mon permis, sauter sur le siège du conducteur et entrevoir le début de la liberté. Au lieu de ça, je suis resté là, à fixer la femme derrière le comptoir, en essayant de ne pas entendre ce qu'elle disait.

– Oups. C'est loupé de peu. Seulement d'une question.

– Quoi ? Non… c'est pas possible !

Elle m'a tendu une feuille de papier qui n'avait rien d'un permis.

– Prenez un peu de temps pour étudier les bonnes réponses et revenez dans trente jours.

– Trente jours ?!

Je ne savais même pas dans quel pays je serais dans trente jours. Tout ce que je savais, c'est que je serais plus vieux d'un mois. Toujours sans permis.

J'ai bafouillé un genre de merci et j'ai enfoncé ma capuche sur ma tête. Maman m'attendait dans le hall. Elle n'a même pas eu à me demander ce qui s'était passé.

– Oh, Justin… ça va aller. Tout va bien. Tu peux le repasser.
– Sortons d'ici, ai-je sifflé.
Dans le parking, il pleuvait à torrent, et maman a plongé dans la voiture. Sur le siège du conducteur. Non, mais… ce n'était vraiment pas juste. Cela me rendait dingue. Je me suis mis à marcher. Marcher 16 kilomètres sous la pluie me paraissait plus facile que de m'asseoir sur le siège du passager, alors que je n'avais qu'une envie, c'était de conduire sur le chemin du retour.

> "C'était comme si toutes les voitures me narguaient."

Maman a ouvert sa fenêtre :
– Monte dans la voiture, Justin ! Tu vas être trempé !

Mais il me semblait que j'allais pleurer, et je n'avais vraiment aucune envie de m'installer sur le siège passager, comme un gosse de 10 ans. Elle continuait de m'appeler, tandis que je me dirigeais vers la sortie du parking. J'étais maintenant dans la rue. J'avais l'impression que toutes les voitures me narguaient.

Une fille est passée, parlant au téléphone, en se mettant du mascara, alors qu'elle descendait le boulevard, mais évidemment, elle, elle avait son permis. Une petite vieille est passée à cinq à l'heure. Elle pouvait à peine voir au-dessus du volant de sa Cadillac, mais elle n'avait sûrement pas eu de problème pour passer le test. Un grand gaillard est passé au volant de son pick-up, en fumant une cigarette, qu'il a jetée dans la rue, comme si le monde était son cendrier géant. Lui, il a le droit de conduire, et pas moi ?

– Ah ! Je te déteste ! lui ai-je hurlé.

Ça m'a fait du bien, alors j'ai crié au suivant :

– Et toi aussi, je te déteste ! Je te déteste ! Je te déteste !

Maman est restée dans la voiture, alors que je passais ainsi ma rage. De temps en temps, elle baissait la vitre et m'appelait :

– Justin, ça suffit ! Monte dans la voiture, tout de suite !

Je lui ai finalement obéi : j'étais trempé jusqu'aux os. Justin Bieber, nouvelle star de la pop, sans permis de conduire. Plus tard, ce jour-là, Scooter est venu me chercher avec Kenny pour m'emmener quelque part et je lui ai dit :

– C'est nul.

– Oui, c'est nul, m'a-t-il dit. Mais trente jours, ça passe vite. Tu l'auras la prochaine fois.

– J'ai échoué, à une question près, et j'ai regardé les réponses, surtout celle-là : je sais que j'avais raison.

J'ai sorti la feuille de la poche de mon pull à capuche.

– Quand on a le droit de tourner à droite à un feu rouge, on doit a/tourner à droite, b/ralentir avant de tourner à droite et c/s'arrêter, puis commencer à tourner à droite.

– Mec, il faut s'arrêter avant de tourner, m'a dit Scooter.

– Quoi ? C'est nul ! Personne ne s'arrête jamais totalement.

– Eh bien, on est censé le faire.

– Tu ne t'arrêtes jamais.

– Mais si, toujours.

– J'ai été dans cette voiture avec toi des milliers de fois, et tu ne t'arrêtes jamais avant de tourner à droite.

– C'est vrai, opina Kenny pour me soutenir. Tu ne t'arrêtes jamais, Scooter.

– Eh bien, OK, mais on s'en fiche de ce que je fais, ce qui importe, c'est la loi, et ce que dit la loi, c'est qu'il faut s'arrêter

"On pourra toujours rire à la fin de la journée."

complètement, maintenant tu le sais. Tu repasseras le test, et peut-être que tu jetteras un coup d'œil au manuel la prochaine fois.

J'ai remis la feuille dans ma poche, et je me suis dit : « Zut ! Pourquoi est-ce que je n'ai pas étudié pour ce test ? » Mais j'ai dit à haute voix :

– C'est nul. Carrément.

– Je sais, a compati Scooter. Moi aussi, je l'ai raté, la première fois.

– Je l'ai raté trois fois, a renchéri Kenny. La quatrième, c'était la bonne.

Scooter et moi, on l'a regardé un moment, puis on s'est tous mis à rire.

– Quatre fois ! s'est écrié Scooter. J'admire ta ténacité, Kenny. Si c'était moi, je serais toujours sur ma bicyclette.

On avait tous le fou rire. Ce jour-là, j'ai appris que peu importe à quel point ça va mal : on pourra toujours rire à la fin de la journée. Il faut juste essayer.

justinbieber Pourquoi peut-on se garer dans une allée ? C'est pas logique.

7:37 PM 2 juin via Twitter for BlackBerry®

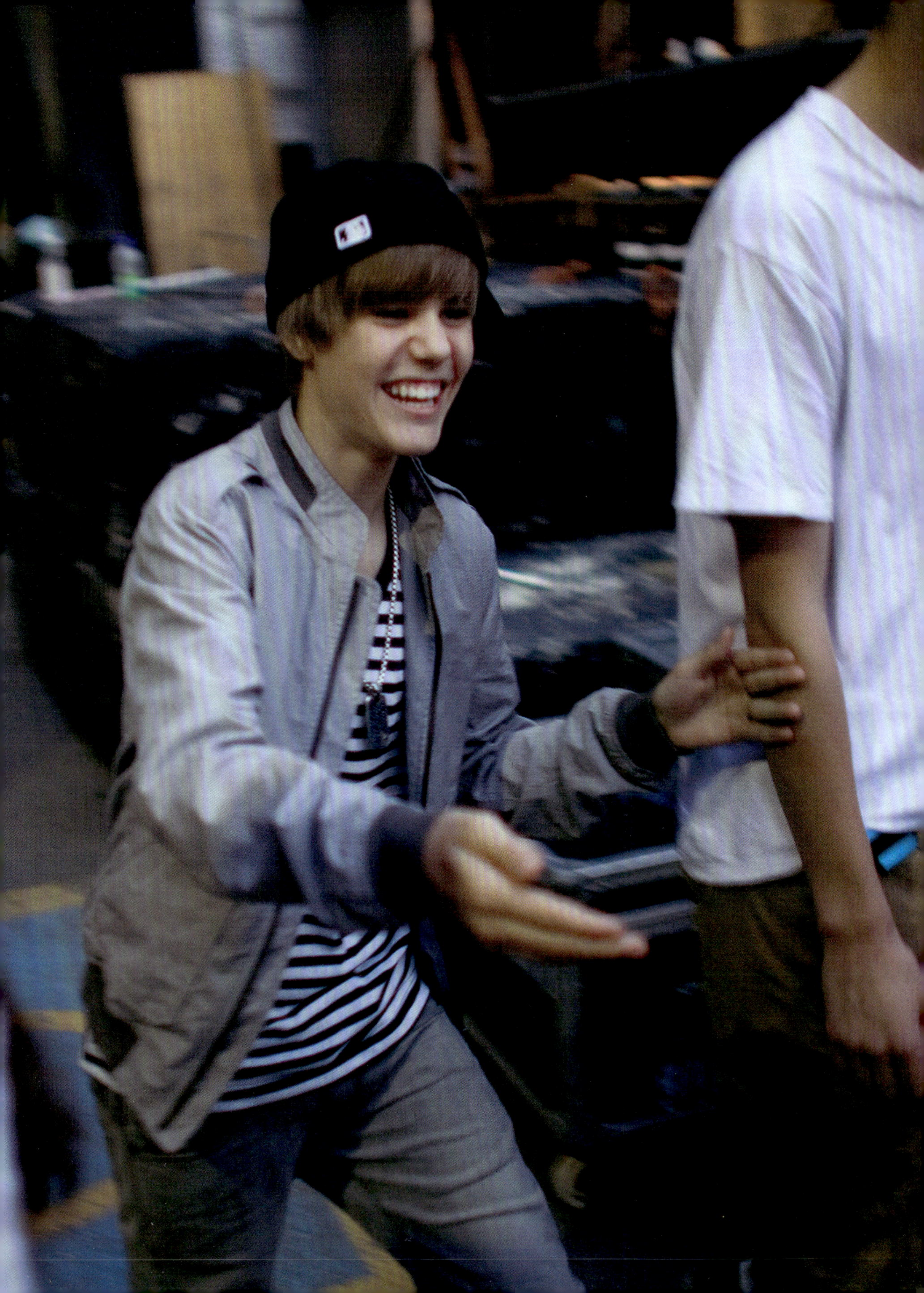

FARCEUR

Trente jours plus tard, je repassai le test et ressortai avec mon permis accompagné. Alors, finalement, tout est bien qui finit bien. Ce qui était moins cool, c'était ma voix, lorsque je me suis réveillé le lendemain de mon échec, après avoir hurlé sur les voitures sous la pluie. Je pouvais à peine parler, et encore moins chanter… Quand je tombe malade ou que ma voix est un peu cassée, après une bonne soirée ou un match de hockey, tout le monde se comporte comme si c'était la fin du monde. Mama Jan prend les choses en main.

– Repose ta voix. Pas un seul mot.

Une fois cette règle établie, elle ne plaisante pas. Jusqu'à nouvel ordre, je ne suis autorisé ni à parler ni à chanter. Elle s'occupe de moi comme un sergent instructeur, tant que tout n'est pas revenu à la normale. En attendant, Scooter et son équipe doivent faire leur travail, afin de changer le planning, y compris les interviews, les enregistrements, etc.

Cette fois-ci, j'étais censé énoncer la liste de mes vidéos préférées pour YouTube, et la personne à qui on avait promis ma contribution était vraiment étonnée lorsque Scooter lui a annoncé que cela ne se ferait pas. On arrivait à la date de lancement de *My World 2.0* et il fallait que tout le monde soit de notre côté. Alors Scooter lui a dit : « C'est bon. On va s'arranger. »

Plus tard, ce jour-là, il est venu me voir :

"Je pouvais à peine parler, alors chanter…"

justinbieber Lorsque Chuck Norris se tient devant un miroir, il se brise, parce qu'il sait qui ne faut jamais être entre CHUCK NORRIS et CHUCK NORRIS.

2:31 PM 9 février via web

– Voici ce qu'on va faire. Tu sais, les doublages anglais dans les films de kung-fu ? Comme quand la bouche du petit gars tout mince bouge et qu'il y a cette grosse voix qui sort, mais que ça ne colle pas tout à fait. Assieds-toi sur la chaise et fais simplement bouger tes lèvres, je m'occupe de la voix.

– Ouais, c'est…

– Tais-toi ! Ne parle pas !

– Mais qu'est-ce que tu vas dire ?

– J'ai la liste que tu as préparée. Je vais me débrouiller.

Un employé de Def Jam a mis la caméra en place, et je me suis assis sur une chaise, à l'autre bout de la pièce de Scooter, qui avait en main la liste de mes vidéos préférées. J'ai fait des mouvements avec ma bouche, et Scooter a pris une voix off caverneuse :

– Merci d'avoir regardé la première de ma vidéo *Never Let You Go*. Maintenant, voici la liste de mes vidéos favorites. La première, vous l'avez déjà vue, *Never Let You Go*. La deuxième… ah, le grand CHUCK NORRIS, ce grand champion. Il se bat avec un ours. Qui se bat avec des ours ? Seul CHUCK NORRIS. L'ours s'enfuit. J'adore cette vidéo. La suivante ? Ah, la jeune Padawan Cody. Elle pleurait parce qu'elle ne pouvait pas me voir tous les jours. Je l'ai rencontrée une fois. Vous trouverez ça sur YouTube aussi, mais, pour l'instant, regardez-la pleurer. Les pleurs, c'est de la musique pour moi. La vidéo suivante… heu… attendez, je ne me souviens pas de celle-là. Laissez-moi y réfléchir un instant…

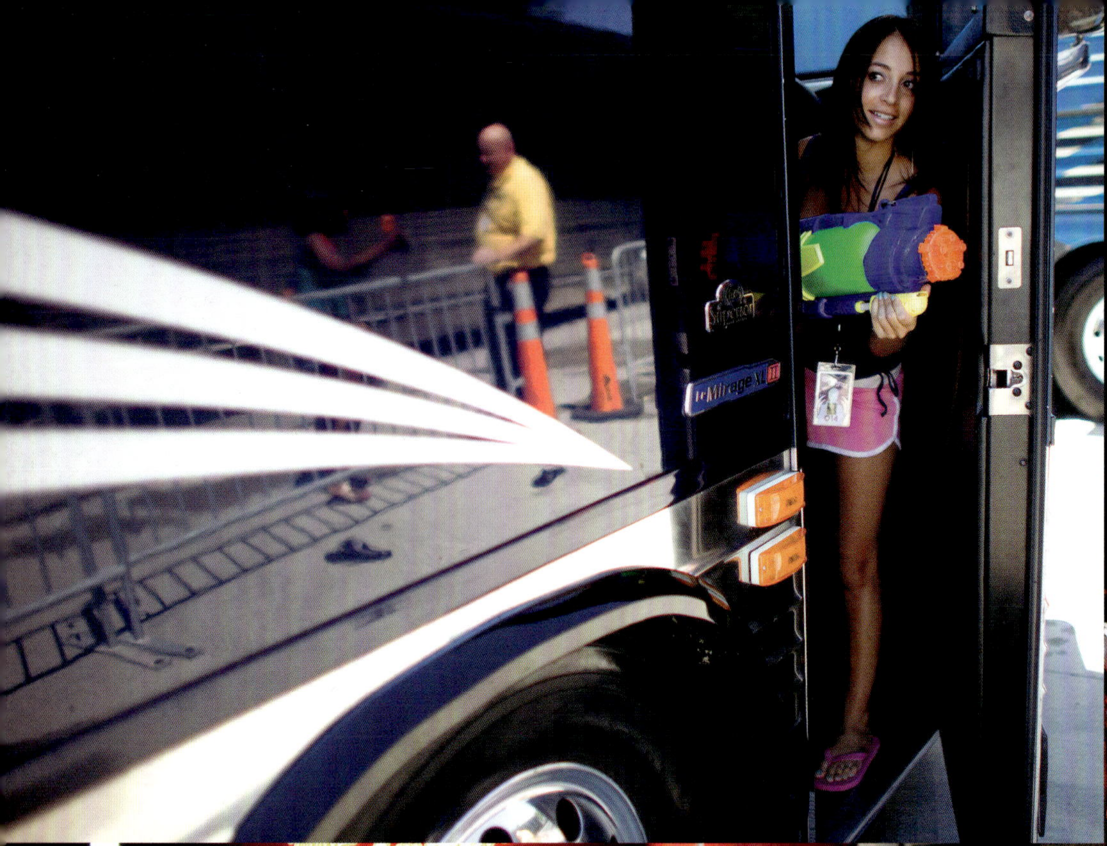
Mirage XL

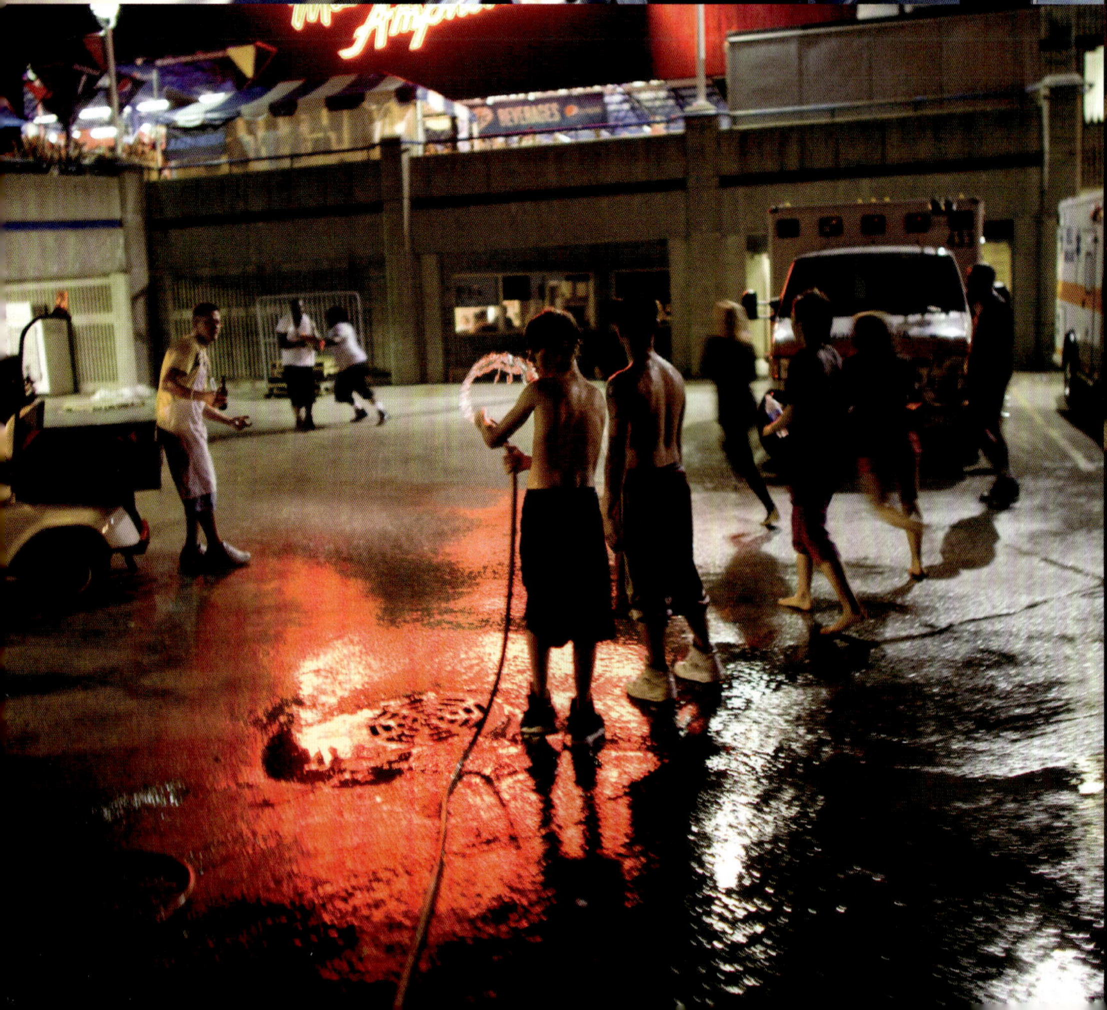
BEVERAGES

"On adore se faire des farces."

Scooter regardait la liste, mais n'arrivait pas à me relire.

Il l'a montrée à la fille qui tenait la caméra, en disant :

– C'est quoi ça ?

– Legaci, a-t-elle répondu.

J'essayais de ne pas exploser de rire.

– Ah, la vidéo suivante, c'est celle de mes choristes, Legaci. C'est moi, Justin Bieber, qui les ai découverts. Ils ont chanté ma chanson *Baby*. Regardez-les. Ils sont vraiment pas mal. Je les aime bien. Je ne les tuerai pas.

La cadreuse et moi, on a commencé à rire, alors on a dû arrêter une minute.

– Mec, pas de rires, a dit Scooter. Arrête-moi ça.

– OK, OK !

– Tais-toi !

– Salut, c'est moi, Justin Bieber, et je suis de retour. Je ne faisais que m'échauffer.

J'allais rire à nouveau, mais Scooter m'a regardé, l'air de dire : « NE RIGOLE PAS ! »

– Voilà une autre de mes vidéos favorites. C'est celle du serpent le plus gros du monde. Regardez-la jusqu'à la fin. Et veuillez acheter mon nouvel album, *My World 2.0*. Il est… vraiment cool. Maintenant, disparaissez. Je suis Justin Bieber. Le maître.

– Coupez. Coupez. Coupez.

On s'est mis à rire tellement fort !

Désolé, Mama Jan, mais je n'ai pas pu résister. C'était vraiment super.

On aime bien se faire des farces, et on s'amuse beaucoup des rumeurs que l'on entend, ici et là, à propos de mes fans et moi. Généralement, on le prend plutôt bien, mais parfois, il faut que je dise quelque chose…

justinbieber Rectifions un peu certaines rumeurs absurdes… très drôles…

2:43 PM 29 juin via web

justinbieber UN, je ne suis pas mort. J'ai dû vérifier… mais je suis bien toujours en vie…

2:44 PM 29 juin via web

justinbieber DEUX… ma mère est une femme respectable… laissons cette rumeur de côté… parce qu'elle m'a dégoûté…

2:46 PM 29 juin via web

justinbieber TROIS… Je n'ai pas rejoint les rangs d'une secte. Je suis chrétien et je prie avant chaque concert. Je suis reconnaissant de tout ce qui m'arrive.

2:47 PM 29 juin via web

justinbieber QUATRE… Je ne suis pas Peter Pan… Je grandis et ma voix va changer, mais Jan Smith est la meilleure coach vocale… de tous les temps!

2:50 PM 29 juin via web

justinbieber SIX… Je ne mesure pas 3 mètres, et je ne lance pas des boules de feu par mon trou de balle…

2:54 PM 29 juin via web

justinbieber SEPT… oui, j'ai sauté le numéro 5. Il se reposait et n'avait pas envie de participer.

2:56 PM 29 juin via web

justinbieber HUIT… Asher Roth n'est pas mon grand frère… c'est juste un frère en amitié…

2:59 PM 29 juin via web

justinbieber NEUF… Je ne compte pas m'inscrire au lycée dans toutes les villes qu'on a visitées.

3:00 PM 29 juin via web

justinbieber DIX… Non, CHUCK NORRIS n'est pas mon véritable père… même s'il est apparenté à Hercule.

3:02 PM 29 juin via web

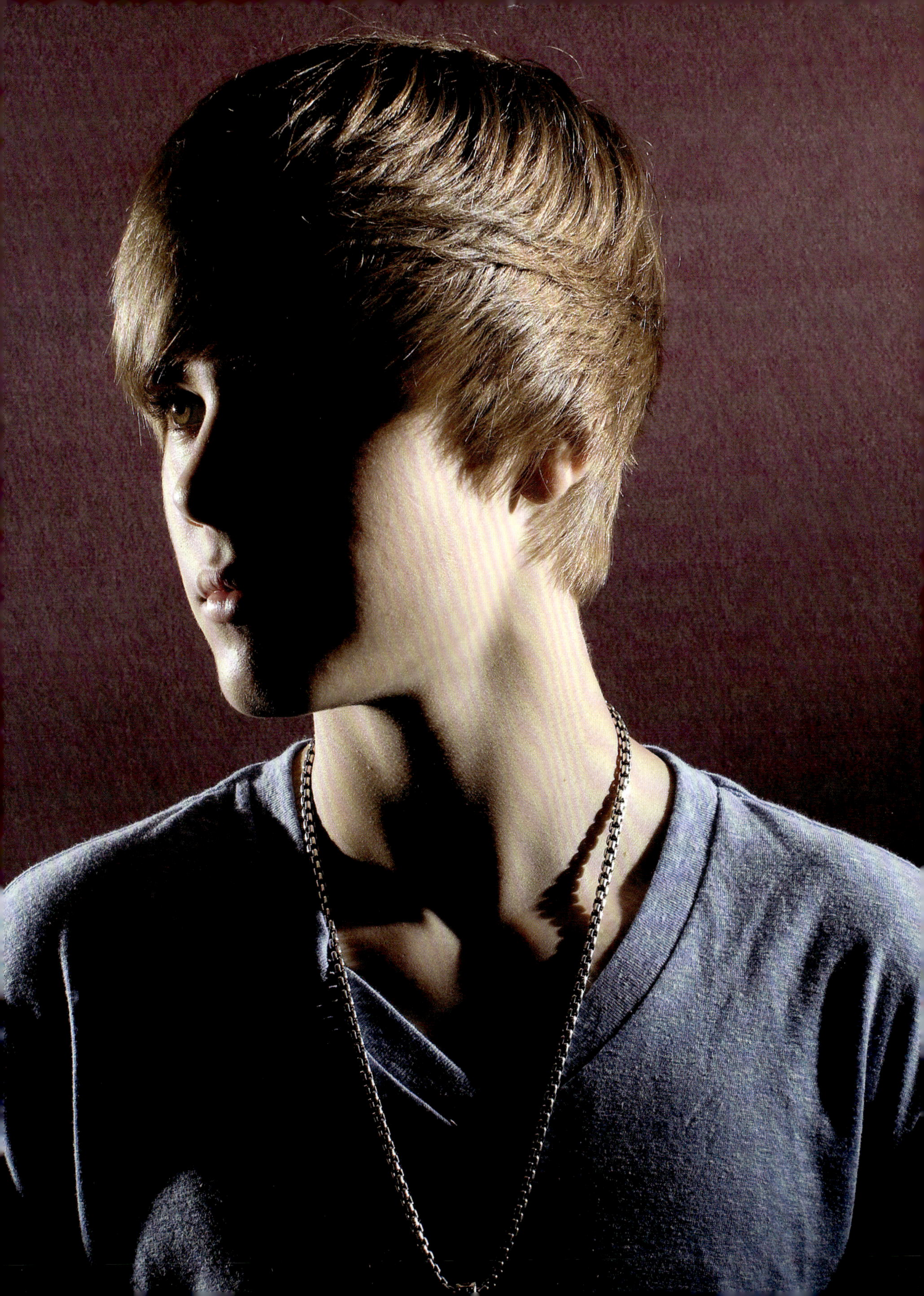

QUE LA MUSIQUE COMMENCE

HARTFORD, CONNECTICUT
MARDI 22 JUIN 2010
8H30

Le XL Center regorge de bruit et d'énergie. Les danseuses chauffent la salle, et Sean Kingston met le feu. Dans les coulisses, dans ma loge, je tape des mains sur mes genoux. Les paroles de mon dernier single tournent en rond dans ma tête.

> *I never thought that I could walk through fire*
> *Never thought that I could take the burn*
> *Never had the strength to take it higher*
> *Until I reached the point of no return...*

– C'est l'heure, m'informe Ryan.

Mon équipe se regroupe. Maman remercie Dieu de toutes les choses qui nous ont été accordées. Mama Jan prie pour ma voix. Je prie pour ma sécurité et celle de mes danseurs, ainsi que pour celle de tous ceux qui sont présents sur et sous la scène. Dan nous fait réciter une prière hébraïque que Scooter nous a apprise.

Sh'ma Yis'ra'eil Adonai Eloheinu Adonai echad. (« Entends, ô Israël, que le Seigneur est ton Dieu, et que Dieu n'est qu'Un. »)

On se dirige vers la scène, Kenny et Scooter devant. Maman reste quelques pas derrière nous. Même lorsque je ne la vois pas, je sais qu'elle est là. Usher marche à mes côtés, une main solidement accrochée à mon épaule. Il se penche vers mon oreille, pour que je l'entende malgré les 20 000 fans hurlants qui remplissent la salle d'un bruit de moteur.

– C'est le premier pas vers l'immortalité.

Puis ma musique commence.

REMERCIEMENTS

Ce n'est qu'un début.
Merci d'avoir permis à un enfant
d'une petite ville de réaliser son rêve.
Ne dites jamais « jamais ».
Je vous aime.